中等职业教育“十四五”规划教材
职业教育课程改革规划创新教材

U0807597

智慧物流基础

庞春宁　朱荥珏　周　洁◎主编

中国石化出版社
HTTP://WWW.SINOPEC-PRESS.COM
中国经济出版社
CHINA ECONOMIC PUBLISHING HOUSE
·北 京·

内 容 提 要

“智慧物流”是一门面向职业院校物流、电商专业的基础课程，旨在向学生介绍现代物流、物流智能化和自动化设备等相关基础知识。本书共有 9 个项目，分别是物流职业道德与礼仪、物流基础认知、现代物流行业、仓储作业、配送作业、运输作业、智慧物流、国际物流、认识供应链。

本书适合中等职业学校物流专业及相关专业的学生使用，也可供物流从业人员参考使用。

图书在版编目（CIP）数据

智慧物流基础 / 庞春宁，朱荥珏，周洁主编 . 北京：中国石化出版社，2024. 8. — ISBN 978-7-5114-7600-5

Ⅰ . F252.1-39

中国国家版本馆 CIP 数据核字第 2024X09Q98 号

中国石化出版社出版发行

地址：北京市东城区安定门外大街 58 号

邮编：100011　电话：(010) 57512500

发行部电话：(010) 57512575

http : //www.sinopec-press.com

E-mail : press@sinopec.com

宝蕾元仁浩（天津）印刷有限公司印刷

全国各地新华书店经销

*

787 毫米 × 1092 毫米 16 开本 10.25 印张 237 千字

2024 年 8 月第 1 版　2024 年 8 月第 1 次印刷

定价：45.00 元

《智慧物流基础》
编 委 会

主 编

庞春宁（广西梧州农业学校）

朱荣珏（上海市现代流通学校）

周 洁（广西物资学校）

副主编

李 嘉（上海市现代流通学校）

庄 婷（上海市现代流通学校）

陈 婷（上海市现代流通学校）

刘雪倩（上海市现代流通学校）

编 委

钟 岚（广西梧州农业学校）

朱小宇（广西水产畜牧学校）

谈 梦（广西职业师范学院）

蔡海荣（广西第一工业学校）

袁骏宇（江苏省惠山中等专业学校）

前言

PREFACE

随着人工智能、数字化、云计算等技术的快速发展，智慧物流企业进行了转型升级，对技术水平要求越来越高，智慧物流融合了运输、现代仓储、货运代理、物流科技等内容，人工智能、大数据、云计算、区块链等新技术促进了物流行业的转型。在此背景下，高素质、复合型、专业性强的智慧物流人才成为推动智慧物流业智能化、数字化转型发展的有力保障。

“智慧物流”是一门面向职业院校物流、电商专业的基础课程，旨在向学生介绍现代物流、物流智能化和自动化设备等相关基础知识。本书共有9个项目，分别是物流职业道德与礼仪、物流基础认知、现代物流行业、仓储作业、配送作业、运输作业、智慧物流、国际物流、认识供应链。对本书的内容我们做了以下设计：

（1）学习目标：通过对知识目标、技能目标、素养目标的了解，培养学生的综合素质。

（2）任务描述：通过介绍了解任务所涉及的一些必备理论知识、操作要点。

（3）知识准备：通过图文并茂的方式，展示学习知识点以及操作过程中应该注意的细节。

（4）任务实施：通过任务实施，进一步加深对知识的了解。

（5）任务评价：通过自我评价、学生互评、教师评价，对任务的完成情况进行综合评价。

（6）作业与练习：通过课后练习，检测学生对知识的掌握程度，实现“学中做、做中学”的目标。

本书主要有以下特点：

（一）坚持立德树人。本书将爱国主义、物流工匠精神等思政内容融入教学，培养学生认真严谨、精益求精的职业精神，较好地体现了课程思政的内涵。

（二）服务1+X，实现课证融通。本书把学历证书与职业技能等级证书相结合，探索实施1+X证书制度，这是国务院2019年2月发布的《国家职业教育改革实施方案》中的重要改革项目。本书积极响应国家职业教育改革的这一部署，全力服务1+X证书制度。

（三）以岗位和大赛为导向，采用任务驱动模式。本书基于任务驱动和工作流程展开编写，将物流行业相关岗位的工作任务转化为教学任务，并融合了物流职业技能大赛的相关内容，成功实现岗课赛融通，充分体现了“工学结合，理实一体”的理念。

（四）突出典型案例，注重理论知识和技能的结合。本书在编写过程中遵循“突出典型，注重知识训练”的准则，丰富了教学内容，做到了深入浅出、通俗易懂。

本书由广西梧州农业学校庞春宁老师担任第一主编，负责整本书的编排和部署，同时负责项目三的编写；由上海市现代流通学校的朱荥珏老师担任第二主编，负责项目二的编写；由广西物资学校的周洁老师担任第三主编，负责项目四、项目八的编写；由上海市现代流通学校的庄婷老师负责项目九的编写；由上海市现代流通学校的李嘉老师负责项目五、项目七的编写；由上海市现代流通学校的陈婷老师负责项目一的编写；由上海市现代流通学校的刘雪倩老师和广西梧州农业学校的钟岚老师负责项目六的编写。参加本书编写工作的还有朱小宇、谈梦、蔡海荣、袁骏宇，在此一并表示感谢！

由于编者水平有限，加之时间仓促，书中难免有疏漏和不足之处，恳请广大读者不吝批评指正。

目录
CONTENTS

项目六　运输作业

项目七　智慧物流

项目八　国际物流

项目九　认识供应链

01 项目一

物流职业道德与礼仪

任务一 物流职业道德

学习目标

知识目标

复述物流行业职业道德的基本规范。

阐述如何培养物流行业职业道德。

技能目标

能够运用一定的方法和途径提升物流服务水平。

能够运用服务意识评分表进行自评。

素养目标

培养学生养成良好的物流职业道德。

任务描述

作为 A 物流公司人力资源部的人力专员，领导安排你给新进员工做一场关于物流职业道德的培训。你需要结合物流职业道德的相关知识和同事一起准备 PPT 并完成培训相关事项。

任务要求：

（1）与同事分工制作 PPT 讲述物流职业道德的相关内容。

（2）要求分工明确。

（3）PPT 内容详实。

知识准备

一、职业道德的概念

职业道德是指从事特定职业的人在其职业生涯中应当遵守的具有职业特征的道德要求和行为准则，涵盖了职业人员与职业、职业人员与服务对象、职业人员与职业伙伴等多方面的关系。

职业道德是职业素养的重要组成部分，而职业素养的高低往往通过职业道德来体现。良好的职业道德有助于提高职业素养，促进个人职业发展。同时，职业道德也是社会道德体系的重要组成部分，对于维护职业声誉、促进行业发展具有重要意义。

二、职业道德的社会作用

（1）调节职业关系。

（2）维护和提高本行业的信誉度。

（3）提升职业形象。

（4）提高全社会的道德水平。

三、职业道德的特点

（1）行业性。职业道德与职业特点和行业要求紧密相连。每种职业都承担着一定的社会责任和义务，都有各自特殊的职业道德规范。

（2）实用性。职业道德规范具有明确的目的性和实践性。它规定了从业人员在职业活动中应该做什么、不应该做什么，以及应该怎样做、不应该怎样做。这种实用性使得职业道德规范能够直接指导从业人员的职业行为，确保其行为的正确性和合理性。

（3）广泛性。职业道德涵盖了各种职业，具有广泛的适用性。无论是从事哪种职业，都需要遵守相应的职业道德规范。

（4）时代性。职业道德是随着社会发展和职业分工的变化而不断演变的。不同时代的职业道德要求会有所不同，反映出时代的特点和要求。

四、物流行业职业道德的基本规范

（1）忠诚信实。真心诚意，实事求是，始终基于事实说话，不捏造或篡改真相。坚守诚信原则，言行一致，恪守承诺，注重信誉，积极履行自身职责。

（2）爱岗敬业。热爱自己的工作岗位，全身心投入本职工作。以敬业的精神对待工作，勤勉努力，尽忠职守，尽心尽责地完成每一项任务。

（3）恪尽职守。全力以赴，坚守自己的职业岗位。以严谨认真的态度执行本职工作，勇于担当，承担起自己应负的责任。

（4）公平正义。秉持公正的态度待人处事，确保机会、过程和结果的公平性。坚持正义，维护合理、合规的观点和行动，彰显符合社会标准的职业操守。

（5）团结协作。在工作中明确共同目标和任务，相互支持，协同配合。注重大局意识，尊重他人，虚心请教，积极与他人合作，共同实现团队的目标和利益，共同推动发展。

五、培养物流行业职业道德

1. 忠诚信实

［教学案例 1］　　忠诚给这位年轻人带来了什么？

一位年轻人在尚海物流公司的销售部工作，他对这个工作机会倍感珍惜，对公司也怀有深深的热爱。无论出差入住旅馆，还是日常的书信、收据，他总会在自己的姓名后面加上“尚海物流”，从未间断。这个特别的签名习惯，逐渐引起了同事和客户们的注意，他们亲切地称他为“尚海物流”，而他的本名则渐渐被淡忘。

随着时间的推移，他的坚持和努力得到了公司的认可，他从一名普通的销售员逐渐晋升为组长、部长，最终担任了公司的副总经理。他的忠诚和敬业不仅赢得了同事们的尊重和赞誉，也为他个人的职业生涯带来了巨大的成功。

在工作中忠诚的表现：

（1）维护企业的利益和形象。

（2）保守企业的秘密，尊重企业规章制度和企业文化。

（3）注重与团队的协作和沟通。

想一想

对公司的忠诚，给这位年轻人带来的是什么？

2. 爱岗敬业

［教学案例 2］　　为什么李先生升迁了？

李先生初入物流公司时，职位并不高，然而如今他已晋升为公司的总经理。他快速升迁的背后，其实有一个不为人知的秘密——他常常推迟下班时间。李先生分享道：“在我刚开始工作的时候，我注意到每天工作结束后，尽管其他人都离开了，但老板仍然会留在办公室。于是，我决定留下来，尽管没有人明确要求我这么做。我觉得应该在这里，以便在老板需要时提供及时的帮助。”他继续说道：“老板经常需要查找文件、打印材料，而我始终在一旁等待他的召唤，久而久之，他就习惯了在有需要时招呼我。”至于李先生是否因为加班而获得额外的报酬，答案是否定的。

在工作中爱岗敬业的表现：

（1）乐业——热爱工作，乐于奉献。

（2）勤业——积极主动，刻苦勤奋。

（3）精业——锤炼技能，不断精进。

想一想

请从职业道德的角度来分析，李先生获得了什么？

3. 恪尽职守

［教学案例 3］

著名心理学家曾对全球 100 位杰出人士进行了深入调查。令人惊讶的是，其中高达 61% 的人表示他们目前所从事的职业并非他们最初最钟爱的。那么，他们究竟是如何取得如此杰出的成就呢？

这些成功人士普遍将成功的关键归因于他们对工作的强烈责任感。以一位在证券界享有盛誉的风云人物为例，她从小便接受了良好的音乐启蒙，对音乐怀有深厚的热爱，原本期望在音乐领域大展宏图，然而命运却让她意外地考入了大学的工商管理系。面对这样的转变，她并没有放弃或抱怨，而是坚定地表示："无论是否喜欢工作，我们都必须全力以赴、尽职尽责。"正是这种责任感，才能创造奇迹。

正是在这种"在其位，谋其政，任其职，尽其责"的责任感驱使下，这些成功人士才能取得令人瞩目的成就。他们深知，无论身处何种岗位，只要全心全意地投入并尽到自己的责任，就一定能够迎来成功的曙光。

在工作中恪尽职守的表现：

（1）承担责任。对自己的工作结果负责，勇于承担错误并及时改正，不找借口，积极寻求改进方法。

（2）注重工作质量。严格把控工作质量，确保每项任务达到高标准，注重细节，避免粗心错误。

（3）尊重与遵守规章制度。严格遵守公司规章制度和职业道德，不违规操作，尊重他人，维护良好的工作氛围。

想一想

他们的成功究竟靠的是什么？

4. 公平正义

［教学案例 4］

谷歌的晋升制度：谷歌实行的晋升制度被称为“Laszlo’s Law”，其规定任何晋升都需要得到直接上级和人力资源部门的同意。

星巴克的平等机会：星巴克一直强调平等就业机会，无论性别、种族或宗教信仰。他们还推行了一系列包容性政策，如为所有员工提供相同的福利待遇等。

宜家的薪酬透明度：宜家在全球范围内推行薪酬透明度政策，公开员工的薪资水平。此外，宜家还提供公平的晋升机会，员工可以根据个人能力和表现获得相应的职位提升。

微软的女性领导力计划：微软推出了名为“Leap”的女性领导力计划，旨在培养和支持女性员工的职业发展。这个计划提供培训、指导和职业发展机会，确保女性员工在公司内享有平等的机会。

在工作中公正的具体表现：

（1）对待所有员工一视同仁。

（2）在决策中，保持客观和中立。

（3）处理冲突时，保持公平和诚信。

想一想

你觉得上述案例是否公正？

5. 团结协作

［教学案例 5］

某大型物流公司面临一项复杂的跨国运输任务，需要将一批重要货物从亚洲运往欧洲。这个任务涉及多个环节，包括货物接收、分拣、包装、运输、清关以及最终配送等。为了确保任务顺利完成，物流公司组建了跨部门的团队协作小组。

团队协作小组首先分析任务并分工。他们根据货物的特性和运输路线，制订了详细的运输计划，并明确了每个部门的具体职责和工作时间表。同时，他们还建立了一个有效的沟通机制，以便在任务执行过程中及时交流信息和解决问题。

在货物接收和分拣环节，仓储部门与运输部门紧密配合，确保货物准确、快速地进入分拣系统。包装部门则根据货物的性质和要求，选用合适的包装材料和方式，以确保货物在运输过程中的安全。

在运输环节中，运输部门与清关部门紧密合作，确保货物能够顺利通过各种边境检查和海关。他们及时提供所需的文件和资料，并处理可能出现的任何问题。同时，运输部门还采用了先进的物流管理系统，实时跟踪货物的运输状态，以便及时调整运输计划。

在最终配送环节，配送部门与客服部门保持密切联系，确保客户能够及时收到货物并反馈相关信息。客服部门还负责处理客户的投诉和疑问，提供优质的客户服务。

培养团队精神的途径：

（1）明确共同目标与价值观。

（2）加强沟通与协作。

（3）建立有效的激励机制。

想一想

该公司是如何完成这项复杂跨国运输任务的？

六、提升与培养物流行业服务意识

1. 物流服务与客户服务的定义

物流服务涵盖从接收顾客订单到商品送达的所有服务活动，包括采购物流、生产物流、销售物流等环节，以及货物装卸、仓储管理、运输服务、信息管理等方面。客户服务是企业与客户交流的全过程，该过程以客户满意为导向，包括听取客户的问题和要求、回应客户需求、探询新需求等。

2. 服务的概念及特点

服务是满足别人期望和需求的行动、过程及结果。服务也是工作人员借助一定的设施设备为满足客户需求而提供的行为和过程的总和。服务的核心在于提供高质量的价值和体验，满足客户的需求和期望，并通过不断的改进和优化，实现客户满意度的提升。

服务的特点：

（1）无形性。

（2）不可储存性。

（3）差异性。

（4）主动性。

想一想

物流行业是否为垄断性行业，或技术含量高、准入门槛高的行业？

3. 服务意识的内涵及表现

服务意识的内涵：

（1）源自服务人员内心，是他们的本能和习惯。

（2）可以通过培养、教育训练形成，企业可以通过各种方式来提高员工的服务意识，如培训、激励、文化建设等。

服务意识的表现：

（1）客户至上。始终以客户需求为核心，提供符合客户需求的服务，并不断改进服务质量，增强客户满意度。

（2）诚信服务。以诚信为基础，诚实守信、信守承诺，让客户感受到服务的可信赖性和透明度，建立互信互利的良好合作关系。

（3）高效服务。以快速响应和高效执行为目标，追求工作效率的最大化，利用技术手段和创新思维提升服务效能，优化服务流程，提高工作效率。

4. 服务意识的价值

［教学案例 6］

你是否留意过，每天有多少潜在的客户与你擦肩而过？

你是否深思过，为何客户会选择竞争对手而不是你？

你是否探究过，为何有些客户最终并未选择你？

或许，某些客户的流失，仅仅因为一个微不足道的服务疏忽。服务的品质，往往决定着客户的去留。

一项针对顾客的问卷调查显示，80% 的客户流失是因为服务不到位，例如服务质量不佳、价格不合理、缺乏沟通等。因此，企业必须强化服务意识，深入了解顾客的需求和期望，完善工作程序和服务方法，以优质服务满足顾客需求，从而获得更多的利益和发展机会。

失去客户的原因	比例(%)
服务质量不佳	45
价格不合理	20
缺乏沟通	15
竞争对手的吸引力	10
客户自身原因	5
其他因素	5

（1）客户满意给企业带来的好处：

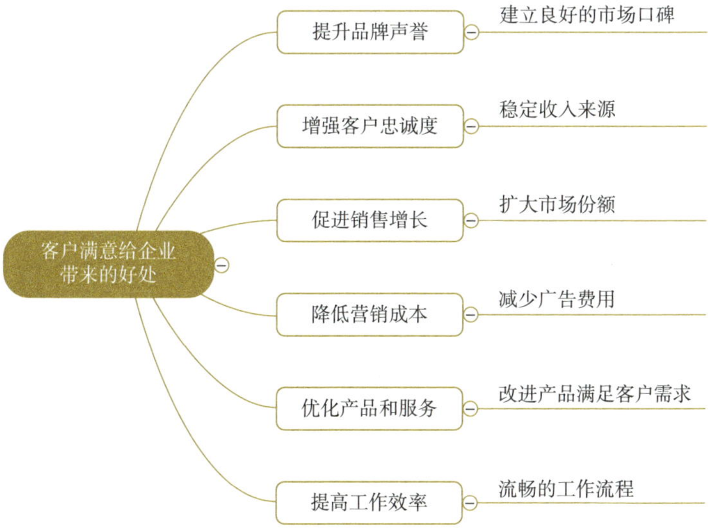

（2）物流行业如何实现客户满意：

物流行业作为传统行业，在新时代的背景下不断演进，但满足客户需求、提供优质服务始终是其核心使命。面对市场的新要求，我们需要深入探究以下问题：

①如何吸引新用户并促使他们尝试我们的服务？

②如何稳固老用户群体，增强他们对企业的忠诚度？

③如何根据客户的多样化需求，提供更为细分的服务产品？

④如何提升企业的市场竞争力？

⑤如何在保证服务质量的前提下，有效降低成本，以拓宽利润空间？

为回答这些问题，我们首先要牢固树立服务意识。物流企业的所有行动都应围绕客户需求展开，深入了解并关心客户的体验。通过持续优化服务品质，与客户需求紧密对接。在新时代的物流行业中，客户除服务方便、快捷、安全、经济的需求外，还提出了个性化服务、隐私保护、技术支持以及与其他增值服务的无缝对接等更高层次的要求。这既为物流行业带来了挑战，也为其提供了新的发展机遇。因此，物流企业和从业人员必须不断提升自身能力，以满足客户日益增长的需求。

5. 服务水平的衡量

下图展示了服务水平的四个等级，表明服务意识和服务行为越好，顾客满意度越高。

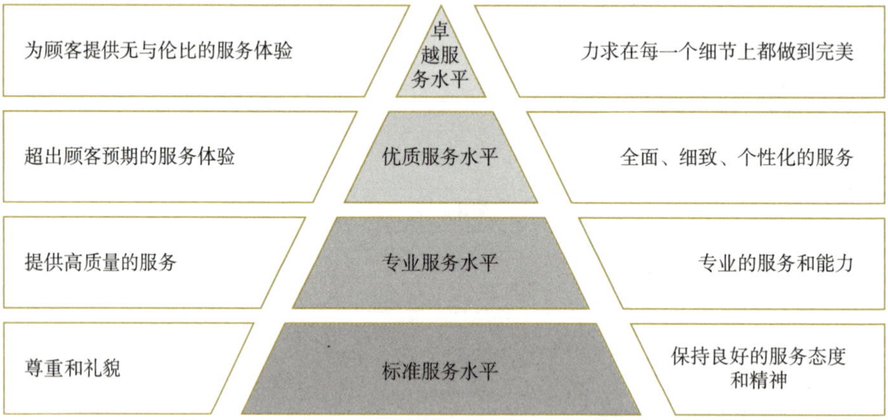

服务意识的表现：

（1）积极主动的服务态度。

（2）专业高效的服务技能。

（3）细致周到的服务细节。

（4）持续改进的服务意识。

6. 提升物流服务水平

（1）从顾客角度出发，顾客会从如下方面具体衡量物流企业的服务水平：

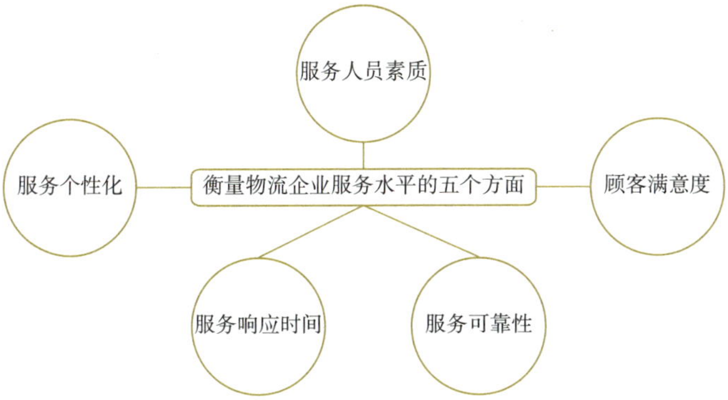

（2）在物流企业服务产品设计和服务过程中，必须把握如下要素：

客户需求理解

物流企业应深入了解客户的实际需求，包括显性需求和隐性需求，以便更好地满足客户的服务期望，并提供相应的物流解决方案

服务产品设计

在明确客户需求后，物流企业需要设计适合的服务产品，可能包括不同的物流服务组合，如仓储、运输、配送等，并将其整合成一套完整的物流服务产品

服务质量控制

物流企业需要建立有效的服务质量管理体系，确保服务的一致性和可靠性，包括服务标准的制订、服务过程的监控、服务结果的评估等

技术系统支持

随着信息技术的发展，物流企业应充分利用物联网、大数据、云计算等现代信息技术手段，提升服务效率和质量

客户关系管理

物流企业应建立良好的客户关系管理系统，通过定期的沟通和反馈，了解客户对服务的满意度和意见，持续改进服务

（3）服务的四重境界：

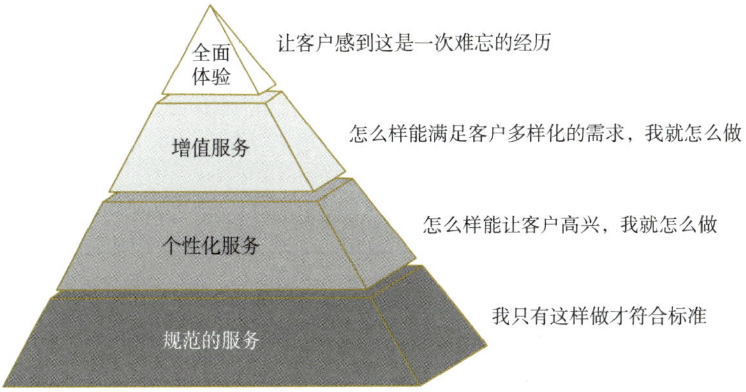

任务实施

1. 完成组员分工。

成员	负责的工作内容	完成度

2. 收集制作 PPT 所需要的信息，并列出提纲。

主题	
第一部分	
第二部分	
第三部分	

3. 制作 PPT 并组织新进员工进行物流职业道德的培训。

任务评价

根据课程相关评分要求，制订任务评分标准

PPT 制作评分表

序号	考核内容	分值	得分
1	PPT 的内容详实、丰富，主题突出	60	
2	PPT 的结构合理，逻辑顺畅	10	

续表

序号	考核内容	分值	得分
3	PPT 中对各种工具的运用得当	10	
4	PPT 内在素材符合物流职业道德这一主题	10	
5	整体界面美观，布局合理，层次分明，视觉效果好，表现力和感染力强	10	
合计		100	

服务意识评分表

序号	考核内容	分值	得分
1	与同事清晰而准确地明确任务、优先事项和责任	10	
2	根据企业的要求来执行工作任务	10	
3	清晰、准确并及时地向有关人员报告进度	10	
4	在自己职责范围内，根据优先事项，为同事提供支持	10	
5	识别和解决不利于工作关系的误解和冲突	10	
6	在自己的职责范围内及时响应他人需求	10	
7	与他人进行有效沟通	10	
8	用建设性的方法向同事寻求信息和帮助	10	
9	遵守企业规章和所有相关的法律	10	
10	寻求合适的机会来满足自己的学习需求	10	
合计		100	

作业与练习

一、判断题

1. 忠诚信实指的是真心诚意，实事求是，忠于事物的本来面目，不歪曲篡改事实，光明磊落，言语真切，处事实在，信守承诺，讲信誉，重信用，履行自己应该承担的义务。(　)

2. 服务意识是指被动做好服务工作的一种观念和愿望。(　)

3. 恪尽职守就是尽自己的努力，严守自己的职业或岗位。谨慎认真地做好本职工作，承担好本职工作应负的责任。(　)

4. 团结协作是指在工作中明确工作任务和共同目标，互相支持、互相配合，顾全大局，尊重他人，虚心诚恳，积极主动协同他人做好各项工作，以实现团队共同的利益和目标为宗旨，互帮互助、共同发展。(　)

5. 服务意识不是发自服务人员内心，也不是服务人员的一种本能和习惯。(　)

二、简答题

1. 请阐述在物流企业服务产品设计和服务过程中必须把握的要素。

---

2. 请阐述服务的四重境界。

---

3. 请阐述职业道德的特点。

三、思考题

在一家物流公司，有哪些不同的物流岗位？不同岗位的物流员工需要哪些职业素养？

四、案例分析题

案例一：

小明任职于一家技术型企业，担任技术部专员。公司销售部的同事接到了一位客户的业务订单，但该订单存在一定的业务风险。经过技术部会议讨论觉得不适合接单。然而，销售部已经签下该订单。技术部负责人考虑再三，找到小明，希望他以个人名义而不是以公司的名义签下这个订单的合同。技术部经理对小明说："这个单子虽然存在一定的业务风险，但是关乎重要客户的关系。如果这时你能够挺身而出帮助公司解决问题，将来公司一定不会亏待你的！"小明面露难色，刚想拒绝，技术部经理又说道"抓住这次机会，好好表现，未来一定可期。"面对上司不容拒绝的口气，小明有些犹豫，一方面，个人签署合同所承担的法律风险实在太大了，另一方面，又不想因此事件影响自己在公司的工作。

案例二：

新入职的小刘和同事小张共同负责一个项目，小刘被安排负责基础性工作，而小张负责审核及上报的工作。不久之前，小刘把自己整理收集的相关资料交给小张进行审核和修正。小刘无意中发现，小张删除了非常重要的一部分资料，且这部分资料能够体现小刘一定的工作绩效。当时这份文件已经上报了，小刘发现这个问题后马上跟领导说明，领导看了后也觉得不应该删除这部分，就让小刘把原来被小张删除的部分补充回去，然后重新上报。

1. 案例一中，如果你是小明，你会怎么做呢？请协助小明解决这一问题。

2. 案例二中，在不希望与同事小张因为误解发生冲突的情况下，如果同事小张知道了文件修改的问题，小刘该如何跟他解释呢？请协助小刘解决这个问题。

任务二　物流职业礼仪

学习目标

知识目标

复述物流行业仪表礼仪。

阐述物流行业的行为规范。

复述物流行业客户服务礼仪。

技能目标

能够按照物流行业人员着装礼仪、仪容礼仪要求，提升自我职业形象。

素养目标

培养学生养成爱岗敬业的良好职业精神。

任务描述

作为 A 物流公司人力资源部的人力专员，领导安排你和你的同事给新进员工做一场关于物流行业礼仪的培训。你需要收集相关信息，并制作评分表对现场参与培训新进员工的表现进行评价，同时帮助他们提升自我职业形象。

任务要求：

（1）收集有关物流礼仪的信息。

（2）制作评分表，对现场参与培训的新进员工的表现进行评价。

（3）帮助新进员工提升自我职业形象。

知识准备

一、物流行业仪表礼仪

1. 工装着装要求

物流作为一种服务业，从业人员在工作场合一般穿着工装。工装是公司专门设计，结合行业特点，融入企业文化，统一定制的着装。员工穿着工装表示正处于工作状态，其言行举止都代表着公司形象。

员工工装着装应遵循以下要求：

（1）统一性：员工应穿着带有企业标识的统一工作服，有助于区分不同岗位的工作人员，提高企业辨识度。

（2）安全性：工作服需要满足相关的安全标准，如防静电、阻燃等，保护员工免受潜在危险的影响。

（3）适应性：根据工作的具体环境，如仓库、配送中心等，工作服的设计也会有所不同。例如，仓库工作人员可能需要穿着耐磨、方便活动的服装。

（4）规范性：每个公司的着装规定可能会有所差异，员工需要按照公司的具体规定进行着装，包括但不限于服装款式、颜色、配饰等。

（5）卫生与整洁：员工在工作时应保持个人卫生，穿着干净整洁的工作服，这不仅有利于提升工作效率，也是对客户的一种尊重。

2. 职业仪容礼仪

职业仪容礼仪是指在工作中展现出的专业、整洁的形象，这不仅体现了个人素养，也代表了企业的形象。

具体要求如下：

（1）整洁干净：保持面部、头发和身体的整洁干净是基本要求。面部应无污垢、油光，头发应梳理整齐，避免杂乱无章。身体也应保持清洁，无异味。

（2）化妆适度：对于需要化妆的场合，应选择适合职业环境的妆容。妆容应自然、淡雅，不宜过于浓重或夸张。同时，要注意及时补妆，避免妆容脱落或晕染。

（3）修饰得当：在修饰面部时，应注意眉毛、胡须等部位的修剪。眉毛应修剪整齐，胡须应保持清洁或根据职业要求进行处理。此外，耳部、鼻部的清洁也不容忽视。

（4）发型规范：发型是仪容的重要组成部分。在选择发型时，应考虑职业特点和公司文化。一般来说，发型应简洁、大方，避免过于前卫或个性化的发型。同时，要注意定期修剪，保持发型的整洁和美观。

二、物流行业行为规范

1. 标准站姿

标准站姿要求	站姿误区
双目平视，下颌略收	双手插兜，叉腰，抱胸
肩部放松，颈部挺直	身体摇晃
挺胸收腹	眼睛看向地面或天空
双手交叠于胃部，左手在下，右手在上	含胸凸腹
男士双脚呈小“八”字	靠墙站立，单脚抖动
女士双脚呈小“丁”字	女士双脚分开
	肩部缩起

2. 标准走姿

标准走姿要求	走姿误区
目视前方，确认行进方向	行进间左顾右盼，低头
肩部放松，身体各部分动作协调	
步幅适中，直线行进	步幅过大或过小
双臂自然摆动，脚尖向前	外“八”字或内“八”字
身体重心平稳，略微前倾	走路时身体摇晃，重心不稳
引导时位于对方左前侧	行进中大声喧哗

3. 标准手势

（1）指示手势。

在指示方向时，应上身略微前倾 15°，面带微笑伸出右手，手掌向上，五指并拢，手肘部弯曲 90°~120°，并配合恰当的语言提示。

（2）递送手势。

首先，应起身以示尊重，随后与对方进行眼神交流，并伴以微笑，展现友好与真诚。

其次，使用双手递送物品，不仅体现了对物品的珍视，更显示了对对方的尊重。

同时，确保物品的正面朝向对方，便于对方查看，而反面则朝向自己。

若递送的物品存在潜在的危险部分，如剪刀，应确保危险部分（如刀尖）朝向自己，而安全部分（如把手）则朝向对方，以确保对方的安全。

（3）握手手势。

标准式握手：双方的手心都自然地朝向对方，手掌相握，表示平等和尊重。

双握式握手：在右手相握的基础上，再用左手加握对方的手背、手臂等，表示更加亲密或热情的关系。

控制式握手：掌心向下或呈左下姿势握住对方的手，可能传达出一定的支配或主导地位。

谦恭式握手：掌心向上握住对方的手，表示尊敬或谦恭。

在握手时，还有一些重要的注意事项：

握手时应站立，避免坐着握手。

握手力度适中，避免过重或过轻，不宜晃动或左右摇摆。

握手时保持眼神交流，面带微笑，表达真诚和友好。

避免交叉握手，即不要同时与多人握手。

握手时应脱下手套，保持目光交流，避免东张西望，以免显得不专注或不尊重。

4. 基本表情规范

（1）眼神。

物流行业从业人员在与客户交流时，眼神的注意事项如下。

保持眼神接触：眼神接触是一种非常重要的沟通方式，它可以显示出你的自信和诚意，同时也有助于观察对方的情绪和反应。

避免长时间凝视：虽然保持眼神接触很重要，但也要注意不要长时间凝视对方，以免造成尴尬或不适。

使用积极的眼神信号：通过眼神可以传达出积极的信号，例如点头、微笑等，这些都可以助力营造友好的沟通氛围。

注意眼神的变化：在交流过程中，眼神可能会反映出情绪变化，因此要注意控制自己的情绪，避免让负面情绪影响到眼神交流。

（2）微笑。

职业礼仪中的微笑是一种非常重要的表达方式，它能够传递出友好、尊重和专业的态度，有助于建立良好的职业形象。以下是关于职业礼仪中微笑的一些关键要点。

真诚与自然：微笑应该是真诚的，而不是刻意或做作的。一个自然的微笑能够传达出内心的喜悦和善意，使人感到舒适和放松。

适度与恰当：微笑的力度和频率应该适度，避免过于夸张或过于保守。在适当的场合和时间，如与客户打招呼、交流时，给予微笑可以展现友善和尊重。

结合眼神交流：微笑通常要与眼神交流相结合，这样能够增强沟通的效果。当你微笑时，确保与对方保持眼神接触，这能传达出你的专注和真诚。

三、物流行业客户服务礼仪

1. 上门服务礼仪

在日常业务中，尤其是业务终端，经常需要提供上门服务。在服务中需要遵循如下礼仪规范。

仪容仪表：服务人员应保持整洁的仪容仪表，穿着整洁的工作服，佩戴工作证。头发应整洁，男士不得留长发，不得有明显的油渍、污渍或异味。此外，服务人员还应保持手部清洁，避免给客户留下不良印象。

微笑与眼神交流：服务人员应始终保持微笑，这有助于营造友好、亲切的服务氛围。同时，与客户交流时，应保持眼神交流，以示尊重和关注。避免目光游离或低头不语，这可能会让客户感到不被重视。

礼貌用语：服务人员应使用礼貌用语与客户沟通，如“您好”“请问”“谢谢”等。在交流过程中，应保持语气亲切、语速适中，避免使用过于生硬或复杂的词汇。

尊重客户：服务人员应尊重客户的隐私和意愿，不得擅自进入客户家中或触碰客户物品。在提供服务时，应关注客户的需求和感受，尽可能满足客户的合理要求。

专业操作：服务人员应具备专业的操作技能，能够准确、快速地完成配送任务。在搬运物品时，应注意轻拿轻放，避免损坏客户物品。同时，还应遵守交通规则，确保行车安全。

耐心倾听与解答：面对客户的咨询或投诉，服务人员应耐心倾听，并尽力解答客户的问题。对于无法立即解决的问题，应向客户说明情况并尽快协调处理。

2. 电话服务流程

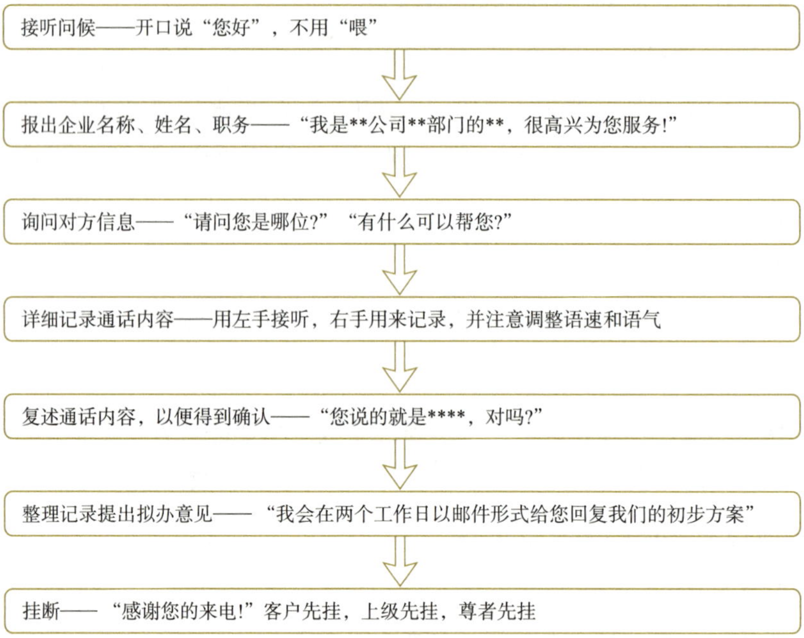

3. 投诉接待步骤

物流行业作为服务行业，经常会遇到客户投诉，行业中的任何岗位都有可能遭遇并需要立即处理投诉，一般会安排特定部门接待投诉。处理投诉要十分谨慎，如果能够很好地处理和解决投诉，那么客户对于企业的满意度和忠诚度会大幅提升。如果处理得不够恰当，会给企业带来不可估量的损失。

接待投诉时，首先需要应对的是客户的情绪，然后才是解决方案。因此，处理投诉时一定要保持耐心，设身处地为客户着想，不要只强调客观事实和公司制度。

（1）处理投诉的“五个多一点”基本准则：

多一点耐心；

多一点同理心；

多一点沟通；

多一点行动；

多一点关心。

（2）处理投诉的步骤。

倾听和理解：耐心倾听客户的投诉，确保全面理解他们的诉求和问题。

表达同情和道歉：向客户表达对他们遭遇的同情，并在适当时为他们所遇到的问题道歉。

确认问题：明确问题细节，并与客户确认，确保双方对问题的理解是一致的。

给出解决方法：在明确客户问题和需求后，提出一个双方都可以接受的解决方案。

寻求解决方案：与客户一起探讨可能的解决方案，询问他们对解决方案的看法，并考虑他们的意见。

实施解决方案：根据讨论的结果，采取相应的行动来解决客户的问题。

跟进和评估：在问题解决后，跟进客户的情况，确保他们满意，并评估整个处理过程的效果，以不断改进。

任务实施

1. 完成组员分工。

成员	负责的工作内容	完成度

2. 收集本次物流礼仪培训的相关资料，并列出提纲。

主题	
第一部分	
第二部分	
第三部分	

3. 制作新进员工物流礼仪培训评价表。

姓名：		岗位：	
考核内容	分值	得分	存在的问题
站姿	10		
走姿	10		
仪容仪表	10		
手势	10		
基本表情规范	10		
上门服务礼仪	15		
电话服务礼仪	15		
投诉接待礼仪	20		
总计	100		

任务评价

根据课程相关评分要求，本任务的评分标准如下：

序号	考核内容	分值	得分
1	能够掌握物流行业仪表礼仪	10	
2	能够掌握基本姿势规范	10	
3	能够掌握基本表情规范	10	
4	能够掌握上门服务礼仪	10	
5	能够复述电话服务流程	10	
6	能够复述投诉接待步骤	10	
7	能够分工合作，具有团队精神	20	
8	能够设计礼仪培训评价表	20	
合计		100	

作业与练习

一、简答题

1. 请阐述上门服务礼仪。

2. 请画出电话服务的流程图。

3. 请阐述标准的走姿和站姿要求。

4. 请根据物流行业的特点，写出工装着装应该遵循的要求。

二、案例分析题

1. 在下列物流从业人员仪容管理中，选出不恰当项并提出改进建议。

（1）小美习惯于化淡妆上班，做透明色美甲，穿 3 厘米高跟鞋。

（2）小刘为了体现个性，将工装的上衣贴上了喜欢的游戏头像，遮住了公司名称。

（3）小张喜欢吃大蒜，每天午餐都会吃。

（4）小范生活中崇拜韩流明星，将头发染成了紫色，还打了鼻环。

（5）小王所在城市天气炎热，小王干脆脱掉上衣，穿着拖鞋工作。

2. 2018 年 8 月 1 日，众物智联物流与供应链集团北京分公司接到某贸易公司投诉，上午送至便利店的鸡蛋有将近 50% 变成了“臭鸡蛋”，要求全赔。公司内部调查，入库时客服人员将生产日期打错了，鸡蛋原本的保质期是 3 个月，结果存放了 4 个月才出库。

请简述客服人员的岗位职责及物流部门对客户投诉的处理步骤。

02 项目二

物流基础认知

任务一 了解物流企业

学习目标

知识目标

掌握物流企业的定义及其类型。

理解物流企业的组织结构。

技能目标

利用所学知识，能绘制物流企业的组织结构图。

应用所学知识，初步确定职业岗位意向，并在今后的学习中不断完善知识技能结构。

素养目标

通过学习物流职业思想，树立职业岗位意识。

任务描述

“一骑红尘妃子笑，无人知是荔枝来”说的是中国古代四大美女之一的杨贵妃喜吃新鲜荔枝，唐玄宗为了宠妃，派人将南方新鲜荔枝送抵京城的故事。诗句当中体现帝王之家奢靡浪费之余，也不难找到古代物流的影子。可是如今，曾经王侯将相才能吃到的贡品荔枝，已经成为寻常百姓家随处可见的普通水果，东北大米、海南芒果、山西大枣等也遍布大江南北甚至全球各地。这些都是谁的功劳呢?

是物流，形形色色的物流。现代物流无时无刻不在影响着我们的生产和生活。

想一想：列举生活中的物流现象，简述它们对你生活的影响。

知识准备

一、物流企业的定义

物流企业（Logistics Enterprise）是指从事物流活动的经济组织，至少从事运输（含运输代理、货物快递）或仓储一种经营业务。它们能够按照客户物流需求对运输、储存、装卸、包装、流通加工、配送等基本功能进行组织和管理，具有与自身业务相适应的信息管理系统，实行独立核算并独立承担民事责任。

二、物流企业的类型

（1）根据物流企业以某项服务功能为主要特征，并向物流服务其他功能延伸的不同状况，可以将物流企业划分为运输型物流企业、仓储型物流企业、综合服务型物流企业。

类型	特征
运输型物流企业	运输型物流企业主要提供物品的运输服务，包括海运、陆运、空运等多种方式，并能够根据客户需求提供个性化的运输方案
仓储型物流企业	仓储型物流企业则以提供仓储服务为主，包括货物存储、保管、分拣等环节，利用先进的仓储管理系统满足客户的需求
综合服务型物流企业	综合服务型物流企业则提供运输、仓储、配送等全方位的服务，能够根据客户的具体需求提供一体化的物流解决方案

（2）从业务范围的角度来看，物流企业可以分为区域性物流企业和全球性物流企业。区域性物流企业的业务范围主要局限于某个特定地区，例如国内或某个国家，专注于满足当地市场的需求。而全球性物流企业则具有更广泛的业务范围，能够跨国界提供物流服务。

（3）根据服务对象的不同，物流企业还可以分为企业物流和消费者物流。企业物流主要服务于各类企业，帮助他们管理和优化供应链。而消费者物流则主要关注将商品从生产地或供应商处运送到消费者手中的过程。

三、物流企业组织结构

（一）物流企业组织结构定义

物流企业组织结构是指物流企业内部组织机构按分工协作关系和领导隶属关系有序结合的总体。它的基本内容包括组织机构的部门划分和层次划分，以及各个机构的职责、权限和相互关系，由此形成一个有机整体。

组织结构有两个要素，分别是部门和层次。不同部门及其责权的划分，反映组织机构之间的分工协作关系，称为部门结构；不同层次及其责权的划分，反映组织机构之间的上下级或领导隶属关系，称为层次结构。

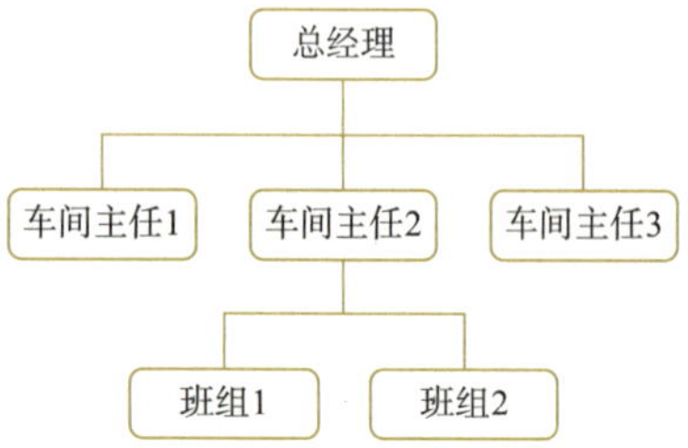

（二）物流企业组织结构类型

物流企业组织结构类型一般包括直线制、职能制、直线职能制、事业部制、矩阵制。

1. 直线制

直线制是一种最早也是最简单的组织形式，其特点是企业各级行政领导按照直线从上到下进行垂直领导，不另外设置专业职能机构。这种结构适用于经营规模小、经营对象简单的小型物流企业。

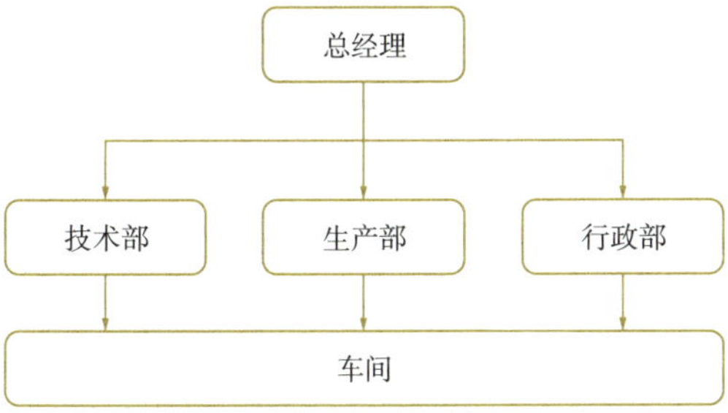

2. **职能制**

采用按职能分工实行专业化的管理办法来代替直线制的全能管理者，各职能部门在分管业务范围内指挥下属。

3. **直线职能制**

直线职能制结合了直线制和职能制的优点，是以直线制为基础将职能制结合在一起的一种组织结构形式。这种组织结构在实践中得到比较广泛的应用，尤其适用于我国的大中型物流企业。

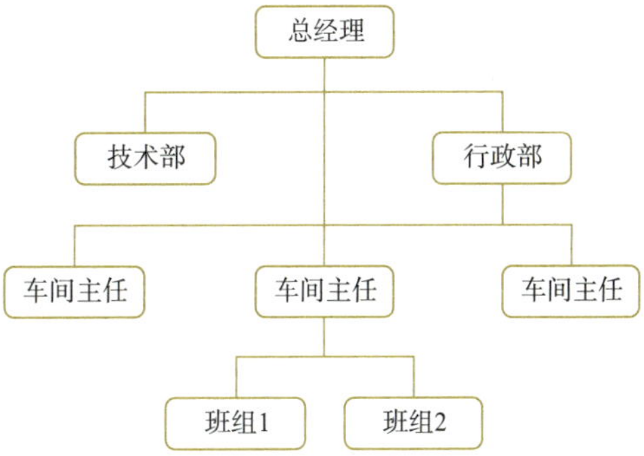

4. **事业部制**

事业部制是在高层管理者之下，按产品类别、经营业务或地区设若干个事业部，实行分权管理。这种结构适合规模大、产品种类多、分布面广的企业。

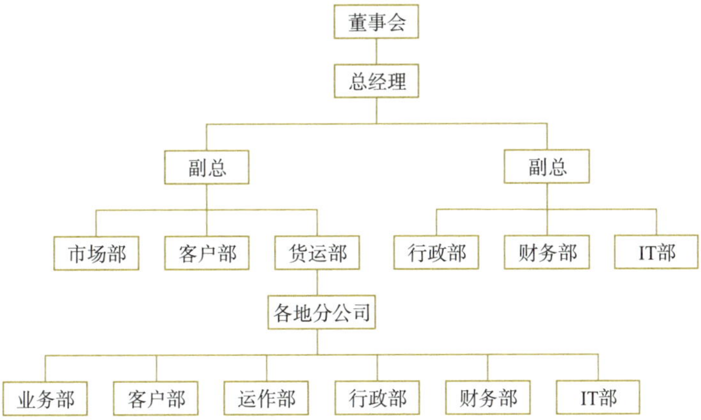

5. **矩阵制**

矩阵制是围绕特定产品或项目而建立的，每一个项目或产品设有专门负责人，该负责人拥有一定的责任和权力；在项目或产品执行期间，为负责人配置一定数量的来自各职能部门的人员；小组成员在项目期间受原属职能部门和项目小组的双重领导，项目一旦完成，各小组成员返回原职能部门。这种结构适用于企业新产品研制、企业规划与涉及面广、临时性、复杂的工程项目。

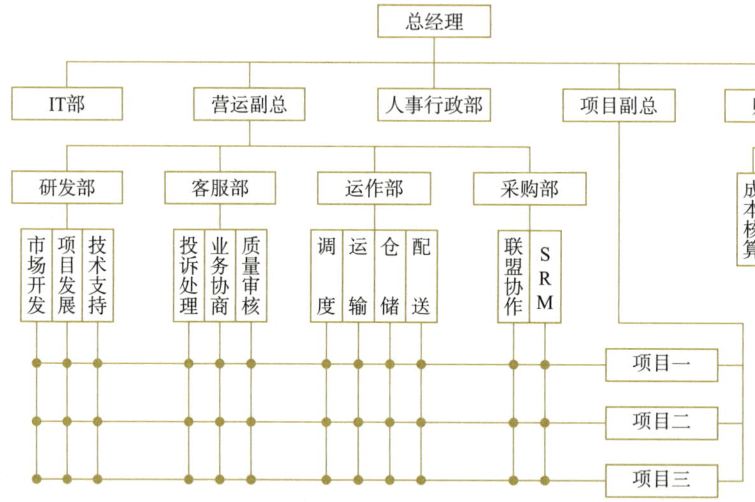

任务实施

1. 上网查找资料，绘制运输型物流企业、仓储型物流企业及综合服务型物流企业的组织结构。

2. 上网查找资料，了解运输型物流企业、仓储型物流企业及综合服务型物流企业的工作岗位，完成下表。

物流企业类型	工作岗位名称
运输型物流企业	
仓储型物流企业	
综合服务型物流企业	

任务评价

根据课程相关评分要求，本任务的评分标准如下表所示。

序号	评价项目	评分标准	分值	得分
1	物流企业概念及类型	能够理解物流企业的概念及类型，绘制思维导图	20	
2	物流企业结构类型	查找资料，绘制运输型物流企业、仓储型物流企业及综合服务型物流企业的组织结构	40	
3	工作岗位	查找资料，填写运输型物流企业、仓储型物流企业及综合服务型物流企业的工作岗位表格	40	
总计			100	

拓展阅读

《“十四五”现代物流发展规划》(国办发〔2022〕17号，以下简称《规划》)正式发布。这是继《物流业调整和振兴规划》(国发〔2009〕8号)和《物流业发展中长期规划(2014—2020年)》(国发〔2014〕42号)之后，国务院层面又一个推动现代物流发展的纲领性文件，是指引“十四五”时期建设现代物流体系、推动高质量发展的“新蓝图”。

《规划》全文1.7万字，分为四大板块、七大部分。第一部分“现状形势”，阐述了现代物流发展基础、突出问题和面临形势；第二部分“总体要求”，明确了指导思想、基本原则和主要目标；第三至第六部分对主要任务和重点工程作了全面部署，构成《规划》的核心板块；第七部分“实施保障”，提出了具体保障措施。

作业与练习

一、单项选择题

1. 至少从事运输或仓储一种经营业务，并能够按照客户的物流需求对运输、储存、装卸、搬运、包装、流通加工、配送等基本功能进行组织和管理，具有与自身业务相适应的信息管理系统，实行独立核算、独立承担民事责任的经济组织称为(　　)。

A. 快递企业　　B. 物流企业　　C. 运输企业　　D. 仓储企业

2. 事业部制实行下列哪一种管理？(　　)

A. 分权　　B. 集权　　C. 分权和集权相结合　　D. 多头领导

3. 物流企业中的职能部门主要负责(　　)。

A. 对外建立经济联系　　B. 为经营业务活动服务而进行的管理工作

C. 法律咨询　　D. 处理经营纠纷

4. 集权与分权优化组合、员工素质较高、技术复杂的企业适合的组织结构类型是(　　)。

A. 直线制　　B. 职能制　　C. 矩阵制　　D. 事业部制

5. 对企业事业部制的组织结构描述错误的是(　　)。

A. 经营者的特点是独立经营、独立核算，有经营自主权

B. 它本身是利润中心

C. 适合于考核指标多元化的公司

D. 它本身可以是法人

6. 对于劳动力密集、经营对象单一、规模较小的企业，应采用的企业组织结构是（　）。

A. 直线制　　B. 职能制　　C. 矩阵制　　D. 事业部制

7. 从事项目管理的企业适合哪一种企业组织结构？（　）

A. 直线制　　B. 职能制　　C. 矩阵制　　D. 事业部制

二、简答题

1. 什么是物流企业？

2. 物流企业如何分类？

三、案例分析题

1. Z 公司是一家大型的国际快递公司，除了自身拥有几百架货物运输飞机，还租用了几百架货物运输飞机，每天有 1000 多件的运输量。Z 公司在全球建立了 10 多个航空运输的中转中心，在 200 多个国家和地区建立了几万个快递中心。Z 公司的员工有几十万人，年营业额达几百亿美元，在世界快递公司中享有较高的声誉。Z 公司是从事信函、文件和包裹快速传递业务的公司，在世界各国和地区均取得了进出的航空权。Z 公司在中国建立了许多快递中心。Z 公司充分利用高科技手段，塑造了迅速安全、物流服务内容广泛的完美形象。

〔资料来源：http ：//www.dlocin.com/p-2416540470.html（物流配送实训案例）〕

（1）Z 公司是否属于物流企业？物流企业的概念是什么？

____

____

____

____

（2）Z 公司的主营业务是什么？

____

____

____

____

2. 顺丰速运作为我国首批物流民营企业之一，主要经营国际、国内快递业务，为广大客户提供快速、准确、安全、经济、优质的专业快递服务。经过多年的潜心经营和前瞻性的战略布局，顺丰速运已形成“天网 + 地网 + 信息网”三网合一、可覆盖国内外的综合物流服务网络。其直营网络是国内同行中网络控制力强、稳定性高、独特稀缺的综合物流网络体系。2019 年 12 月，顺丰速运入选“2019 中国品牌强国盛典榜样 100 品牌”。2020 年 1 月 4 日，顺丰速运获得“2020《财经》长青奖”的“可持续发展创新奖”。顺丰速运总部的组织结构如下所示。

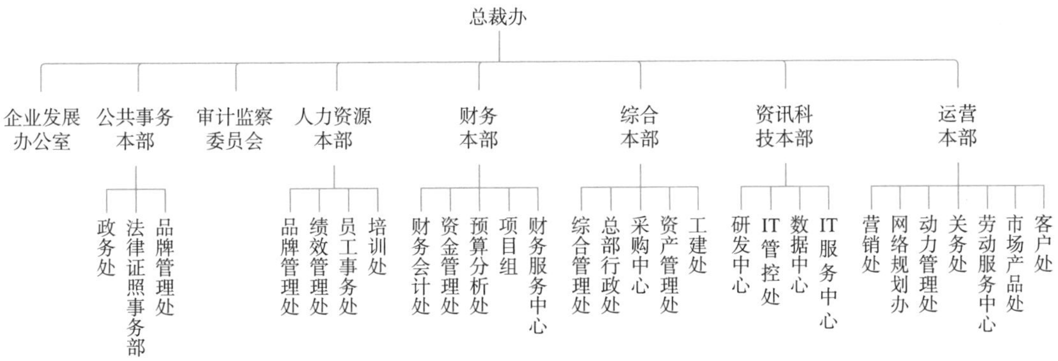

（1）顺丰速运总部的组织结构属于哪一种类型？（　　）

A. 直线制　　B. 职能制

C. 直线职能制　　D. 事业部制

（2）顺丰速运总部的组织结构采用的管理办法是（　　）。

A. 各级行政领导按照直线从上到下垂直领导

B. 吸取直线制和职能制优点

C. 按产品类别、经营业务或地区设若干个事业部

D. 按职能分工实行专业化管理

（3）顺丰速运属于哪一种类型的物流企业？（　　）

A. 运输型　　B. 仓储型

C. 综合服务型　　D. 流通加工型

（4）下列属于顺丰速运行政事务管理部门的是（　　）。

A. 公共事务本部　　B. 人力资源本部

C. 资讯科技本部　　D. 运营本部

（5）下列不属于职能制优点的是（　　）。

A. 能充分发挥职能机构专业管理的作用　　B. 提供内行领导

C. 各职能机构都有指挥权　　D. 加强管理工作专业化

任务二 物流概述

学习目标

知识目标

了解物流的基本概念，掌握物流的主要功能。

理解企业物流的组成。

了解电商物流的基本概念和特点。

对国际物流形成初步的认识。

技能目标

能够阐述企业物流的组成，并绘制企业物流的组成结构图。

能够理解电商物流的模式，并结合实际举例。

能够对国际物流的基本流程有一个清晰的认知。

素养目标

培养对物流行业的基础认识，理解物流在现代经济中的重要性。

遵守物流行业的规范和法律，保持诚信经营。

任务描述

火腿肠是怎样走向餐桌的?

某火腿肠生产厂家根据客户的订单为北京地区某连锁超市生产一批火腿肠。根据生产计划，该厂家首先购进生产原料，包括猪肉、淀粉、肠衣、调料等；然后在企业的流水生产线上对这些原材料进行生产加工；生产完成后，用集装箱将火腿肠运到北京地区某物流配送中心；在配送中心进行分类包装并加贴标签；再由配送中心将其运到前述连锁超市供顾客选购，最终成为消费者餐桌上的美食。

想一想：火腿肠从生产厂家到消费者餐桌的整个过程中，都包括哪些活动?

知识准备

一、物流的定义

根据国家物流术语标准，物流是指物品在从供应地向接收地的实体流动过程中，根据实际需要，将运输、储存、装卸、搬运、包装、流通加工、配送、信息处理等基本功能实施有机结合的过程。

这一定义强调了物流多个环节和功能的有机结合，旨在实现物品从起点到终点的高效、顺畅流动，以满足客户需求并推动经济发展。物流不仅涉及物品的物理流动，还包括相关信息的处理，是一个复杂而系统的过程。

二、物流的功能

物流的功能是物流体系的核心组成部分，它确保了物品从供应地到需求地的顺畅流动，并在此过程中实现了价值的增值。

序号	功能	详情
1	运输功能	运输是物流中最基本的功能之一，它涉及将货物从一个地点安全、高效地运输到另一个地点。运输方式包括公路、铁路、航空、水运等，不同的运输方式适用于不同的运输需求和成本考量
2	仓储功能	仓储功能涉及货物的存储和管理。通过合理的仓储管理，可以确保货物的安全、减少损耗，并根据需求及时调配
3	包装功能	包装旨在保护产品在运输过程中不受损害，并在一定程度上提升产品的附加价值。合理的包装设计可以降低物流成本，提高运输效率
4	装卸和搬运功能	装卸和搬运是物流中的关键环节，涉及货物在不同运输工具与存储设备间的转移。其包括装卸、搬运、堆码等操作，确保货物顺畅流动。高效装卸搬运减少货损、降低成本、提升效率，对物流系统至关重要
5	流通加工功能	流通加工是指在物流过程中对产品进行的简单加工或组装，以满足市场或消费者的具体需求
6	配送功能	配送是将货物从物流中心或仓库送达最终客户的过程。配送功能涉及货物的分拣、配装、送货等操作，确保货物能够准时、准确地送达客户手中
7	信息处理功能	信息处理是物流系统中的神经系统，涉及订单处理、库存控制、运输管理等信息的收集、处理和传递。高效的信息管理系统可以提高物流效率，降低错误率

三、企业物流

（1）供应物流是企业物流的起点，主要负责将原材料、零部件等生产所需物资从供应商处运输到生产企业。这一环节包括供应商的选择、采购订单管理、运输方式的选择、到货验收、入库管理等。供应物流的高效运作能够保证生产的连续性和原材料成本的控制。

（2）生产物流发生在企业内部，主要涉及原材料、半成品在生产过程中的搬运、存储和流转。它确保生产过程的顺畅进行，包括生产线物料的及时供应、工作站之间的物料传递、成品的下线入库等。生产物流的优化可以缩短生产周期、提高生产效率和降低在制品库存。

（3）销售物流又称为配送物流，它负责将成品从生产企业运输到分销商、零售商以及最终消费者。这一环节包括订单处理、包装、配送路线规划、运输方式选择、配送跟踪等。销售物流的目标是确保产品能够快速、准确地送达客户，满足市场需求，同时降低物流成本。

（4）回收物流是指将使用过的产品、包装材料等从消费者或其他企业回收回来的过程。包括退货处理、废旧产品回收、包装物回收等。回收物流有助于企业降低资源消耗，减少环境污染，并可通过再利用、再制造等方式创造额外价值。

（5）废弃物物流是指对生产和消费环节中产生的废弃物、过期产品等不可回收物品进行有效处理的过程。这包括废弃物的收集、分类、运输到处理场所等。有效的废弃物物流管理不仅有助于环境保护，还能降低企业面临的环境风险和废弃物处理成本。

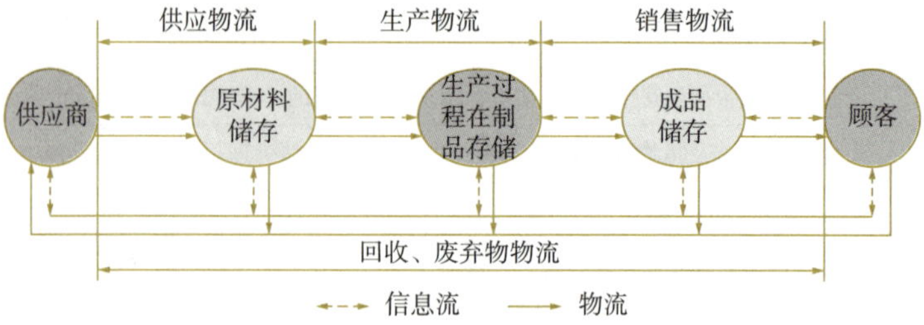

企业物流的组成

四、电子商务物流

1. 电子商务物流的含义

《电子商务物流服务规范》（SB/T 11132—2015）中对电子商务物流进行了定义。电子商务物流（Electronic Commerce Logistics）是为电子商务业务提供运输、存储、装卸、搬运、包装、流通加工、配送、代收货款、信息处理、退换货等服务的活动。

2. 电子商务物流的特点

与传统物流相比，电子商务物流的特点主要表现在以下几个方面。

序号	特点	详情
1	信息化	物流信息化是电子商务物流的必然要求。物流信息化表现为物流信息的商品化、物流信息收集的数据库化和代码化、物流信息处理的电子化和计算机化、物流信息传递的标准化和实时化、物流信息存储的数字化等
2	自动化	信息化是自动化的基础，自动化的外在表现是无人化，自动化的效果是省力化。物流的自动化可以提高物流作业能力，提升劳动生产率，减少作业错误率，是电子商务物流的主要特征之一

续表

序号	特点	详情
3	网络化	网络化是电子商务物流活动的主要特征之一。网络化一方面指物流信息系统的计算机通信网络，物流中心、供应商、客户之间的联系通过计算机网络相互关联，实现信息网络化；另一方面，网络化也体现在组织的网络化，企业内部网络将部门相互关联，实现企业内部信息沟通网络化
4	智能化	智能化是信息化高层次的应用。为了提高物流现代化水平，在物流作业中运用大量的运筹与决策理论，将相关理论知识通过计算机技术应用于物流技术和设备中，实现智能化物流。物流的智能化已成为电子商务下物流发展的新趋势
5	柔性化	物流的柔性化是指通过配套的柔性化物流系统，根据消费需求"多品种、小批量、多批次、短周期"的特点，实现灵活组织和实施物流作业的目的。柔性化的物流能够更好地适应生产、流通和消费需求

3. 电子商务物流模式

序号	特点	详情
1	自营物流	自营配送模式指企业物流配送的各个环节由企业自身筹建并组织管理，从而实现对企业内部及外部货物配送的模式。自营物流由企业直接管理，使得物流配送"最后一公里"更加人性化，使企业对物品配送以及配送服务的掌控性更高，但前期投入成本非常大，因此自营物流适合资金雄厚、订单量大的超大型电商企业
2	物流联盟	物流联盟是两个或多个企业之间为了各自利益，以物流为合作基础，通过契约的方式达成协议，互用对方配送系统而进行的配送模式。这种模式能够整合资源，降低成本，同时能够加强企业间信息互通，建立良好的合作关系，能够在资金和人力投入较少的情况下，扩大自身的配送规模和范围
3	第三方物流	第三方物流（Third-Party Logistics，简称 3PL 或 TPL）是指独立于买卖之外的专业化物流公司，长期为卖家提供全部或部分的物流功能服务，也可为企业提供物流解决方案，实现定制化的企业物流服务。与企业实现信息共享，实现优势互补，从而降低物流成本，提高经济效益
4	第四方物流	第四方物流主要是提供物流咨询服务的咨询公司，第四方物流公司可根据企业实际需求，结合专业分析诊断，提供优质的物流系统优化和设计方案。第四方物流公司以其知识、智力、信息和经验为资本，为物流客户提供一整套的物流系统咨询服务
5	物流一体化	物流一体化是指以物流系统为核心，由生产企业、物流企业、销售企业直至消费者的供应链整体化和系统化。这种模式下建立完善的物流企业与生产企业关系，并增加客户体验交流，有效整合资源，实现资源共享，提高社会效益。这是成熟电子商务物流的标志

五、国际物流

1. 国际物流的含义

国际物流是指在两个或两个以上国家（或地区）之间进行的物流活动。它通常涉及跨国界的货物运输、仓储、装卸、包装、配送、信息处理以及相关的物流服务等环节。国际物流旨在实现国际商品、服务、技术等资源的有效流动，以满足国际贸易和跨国企业的需求。

2. 国际物流的特点

（1）跨国性：国际物流涉及不同国家间的物流活动，因此需要处理不同国家的法律法规、政策制度、文化习惯等问题。这种跨国性使得国际物流具有复杂性和多样性。

（2）风险性：由于国际物流涉及长距离运输、不同国家的海关监管、汇率波动、政治风险等多种因素，因此风险较高。企业需要采取有效的风险管理措施，以确保货物安全、准时到达目的地。

（3）信息化程度高：国际物流需要处理大量的信息，包括订单信息、货物信息、运输信息、海关信息等。信息化技术的应用可以提高国际物流的效率和准确性，降低沟通成本和错误率。

（4）方式多样：国际物流的运输方式包括海运、空运、陆运等多种方式。不同的运输方式具有不同的特点和适用场景，企业需要根据货物的性质、运输距离、运输时间等因素选择合适的运输方式。

（5）法律法规复杂：国际物流涉及不同国家的法律法规，包括海关法、贸易法、运输法等。企业需要遵守这些法律法规，以确保合规经营并避免法律风险。

（6）专业性强：国际物流需要国际贸易、运输管理、海关操作等方面专业的知识和技能。企业需要具备专业的物流人才，以确保国际物流活动的顺利进行。

任务实施

1. 上网查找国内知名第三方物流企业的相关资料，并填写下表。

序号	企业名称	业务介绍
1		
2		
3		

2. 上网查阅资料，了解以下6家公司的电子商务物流模式。

序号	公司 LOGO	公司名称	电子商务物流模式
1	京东		
2	亚马逊 amazon.cn		
3	Haier® 海尔		

续表

序号	公司 LOGO	公司名称	电子商务物流模式
4	拼		
5	苏宁易购 suning.com		
6	CAI NIAO 菜鸟		

3. 查找资料，了解以下 5 家国际物流企业。

序号	公司 LOGO	公司名称	公司介绍
1	MAERSK LINE		
2	KLM SKYTEAM		
3	SCHENKER Stinnes Logistics		
4	PANALPINA on 6 continents		
5	PENAVICO		

任务评价

根据课程相关评分要求，本任务的评分标准如下表所示。

序号	评价项目	评分标准	分值	得分
1	物流概述	能够理解物流的概念、功能和分类，绘制思维导图	30	
2	企业物流认知	能够理解企业物流的组成，绘制结构图	25	
3	电子商务物流认知	查找国内知名第三方物流企业的相关资料并填写相关表格	25	
4	国际物流认知	了解国际物流企业并完成相关表格的填写	20	
合计			100	

拓展阅读

"一带一路"是"丝绸之路经济带"和"21世纪海上丝绸之路"的简称，是中国国家主席习近平提出的合作倡议。这一倡议旨在借用古代丝绸之路的历史符号，高举和平发展的旗帜，积极发展与共建国家的经济合作伙伴关系，共同打造政治互信、经济融合、文化包容的利益共同体、命运共同体和责任共同体。

经过多年的努力，"一带一路"已成为顺应经济全球化的广泛国际合作平台，取得了显著的成就。截至2023年6月底，中国与150多个国家、30多个国际组织签署了230多份共建"一带一路"合作文件。第三届"一带一路"国际合作高峰论坛在北京举行，此次活动主题为"高质量共建'一带一路'，携手实现共同发展繁荣"。

总之，"一带一路"倡议秉持共商共建共享原则，致力于推动沿线各国基础设施建设、贸易往来、人文交流等领域合作，为构建人类命运共同体注入新动力。

作业与练习

一、单项选择题

1. 物品从供应地向接收地的实体流动过程称为（　）。

A. 物流　　B. 采购　　C. 销售　　D. 运输

2. 物流概念源自（　）。

A. 改革开放时期　　B. 第一次世界大战

C. 工业革命时期　　D. 第二次世界大战

3. 生产和流通企业围绕其经营活动所发生的物流活动是指（　）。

A. 物流企业　　B. 企业物流　　C. 第三方物流　　D. 社会物流

4. 在两个及两个以上国家或地区之间进行的物流为（　）。

A. 国际物流　　B. 国内物流　　C. 区域物流　　D. 农村物流

5. 从企业的原材料购进入库起，直到企业成品库的产品发送为止的这个过程的物流活动为（　）。

A. 生产物流　　B. 销售物流　　C. 废弃物物流　　D. 企业物流

6. 生产企业或流通企业出售商品时，商品在供方与需方之间的实体流动为（　）。

A. 生产物流　B. 销售物流　C. 废弃物物流　D. 企业物流

7. 独立于供需双方，为客户提供专项或全面的物流系统设计或系统运营的模式为（　）。

A. 社会物流　B. 第三方物流　C. 企业物流　D. 国际物流

8. 有一种物流模式主要由咨询公司提供物流咨询服务，该物流模式属于下列哪种模式？（　）

A. 顺丰速运　B 第三方物流模式

C. 第四方物流模式　D. 物流一体化模式

9. 下列不属于国际物流特点的是（　）。

A. 复杂性　B. 政府管制少　C. 国际性　D. 风险性

10. 将废弃物送到指定的地点堆放、掩埋，或将其进行焚烧，对于放射性废弃物还要采取其他特殊的处理方法，与此处理活动所对应的物流活动为（　）。

A. 生产物流　B. 回收物流　C. 废弃物物流　D. 绿色物流

二、简答题

1. 电子商务物流的模式有哪些？请举例说明。

2. 第三方物流有哪些特点？

3. 回收物流与废弃物物流有哪些合理化措施？

03 项目三

现代物流行业

任务一　现代物流行业概述

学习目标

知识目标

掌握现代物流的基本概念。

理解现代物流与传统物流的区别。

了解现代物流发展阶段及特点。

技能目标

能够掌握国内现代物流的发展及特点，并进行汇总。

能够通过绘制思维导图，了解现代物流行业的概述。

素养目标

培养对现代物流行业的热爱与敬业精神。

培养团队合作精神与沟通能力。

任务描述

新加坡物流业简介

新加坡，虽在世界地图上仅为一个“小红点”，却位于世界的交通要冲。凭借这一得天独厚的地理位置，新加坡积极发展现代物流业，如今该产业已成为国家的经济支柱。

新加坡在亚太地区的物流和供应链管理中扮演着领导角色。其樟宜机场，作为世界第四大货运机场，每周有4000个航班连接着57个国家的182个城市。机场内设有面积达47公顷的樟宜航空货运中心，是一个全天候运作的自由贸易区。此外，新加坡还利用优质的深水港资源，建设了四个集装箱码头，每年能装卸超过1500万个集装箱，是全球最大的单一箱运码头经营者。

正是基于新加坡强大的海空网络，连接亚洲与世界各地，超过9000家物流企业选择在此设立区域转运及配运中心，包括全球前17家第三方物流公司中的10家。这里也是众多跨国企业进入亚洲市场的首选之地。世界知名物流企业如敦豪、联邦快递等，均在新加坡设有区域总部。

新加坡物流业的迅速崛起，离不开政府的鼎力支持。高科技，特别是网络技术，成为其物流业的重要支撑。新加坡的物流公司普遍实现了自动化运营，配备了先进的仓储设备、全自动仓库和信息技术系统，专注于提供特定行业或特定环节的物流服务，这也是其服务质量高的重要原因。

此外，新加坡还重视物流人才的培养。政府通过讲座、培训计划等方式，向企业和公众推广最新的物流技术，并推出多项与国际接轨的人才培养项目。同时，政府还与各类物流机构合作，举办展览、研讨会等活动，促进国际交流与合作。

想一想：

1. 就物流业谈一谈你的认识。

2. 举例说明物流业包括哪些行业。

知识准备

一、现代物流的概念

现代物流业是指原材料、产成品从起点至终点及相关信息有效流动的全过程。它将运输、仓储、装卸、加工、整理、配送、信息等方面有机结合，形成完整的供应链，为用户提供多功能、一体化的综合性服务。现代物流业是一个新型的跨行业、跨部门、跨区域、渗透性强的复合型产业。

二、我国现代物流的发展过程

阶段	特点
第一阶段：实物配送	这一阶段主要集中在20世纪50年代的物资匮乏时期。当时的生产方式主要是基于产能确定销售规模，这促使了一种新的组织模式的出现，旨在迅速将产品送达消费者。这推动了实物配送物流模式的诞生。在此阶段，物流的核心目标在于加速产品销售，从而帮助生产者快速扩大生产规模
第二阶段：一体化物流	随着信息技术的迅猛发展，原料、在制品和制成品在供应链中的信息流通变得更为便捷。这为企业提供了对运输、存储等活动进行有效且经济的规划、实施和管理能力，进而形成了一体化物流模式。在此阶段，物流的主要目标从单纯地扩大销售转变为降低成本，以提升整体运营效率
第三阶段：供应链物流	此阶段，企业已将客户需求置于供应链各环节的核心位置，实现了信息流、物流与资金流的全面整合。同时，企业开始强调供应链管理中的合作与共赢，力求通过协同优化提升整体供应链的效率与效益
第四阶段："互联网＋物流"	随着互联网技术的广泛应用，物流行业与互联网深度融合成为新趋势。通过互联网对物流资源进行优化和物流价值链的重构，推动了线上线下物流一体化的发展。现阶段，物流行业正逐步向数字化和智慧化方向迈进，旨在进一步提升物流效率并降低成本

总的来说，我国物流行业的发展经历了从简单的实物配送到一体化物流，再到供应链物流，最后到“互联网＋物流”的演变进程。这一过程中，信息技术的进步和市场需求的变化都起到了重要的推动作用。未来，随着科技的不断进步和市场需求的不断变化，我国物流行业将会继续创新和发展。

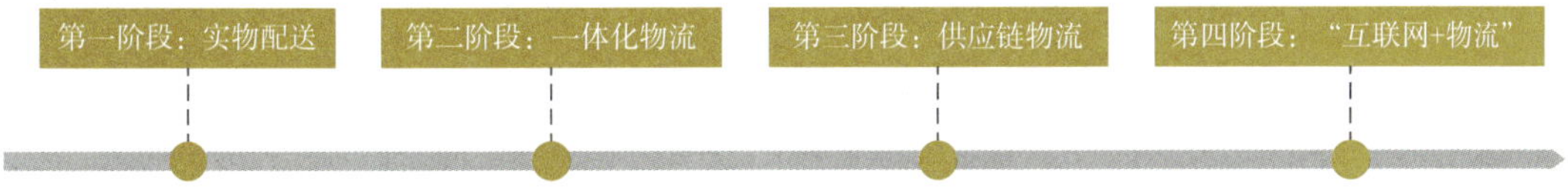

三、现代物流与传统物流的区别

传统物流是指产品出厂后的包装、运输、装卸、仓储、配送的物流活动。现代物流则是在传统物流的基础上增加了物流系统化、综合物流管理的概念，促使物流向两端延展并融入新的内涵，使社会物流与企业物流有机结合，使采购物流、生产物流、销售物流、回收物流实现一体化。

传统物流	现代物流
传统物流主要是产品发生简单的位移	现代物流则增加了提供增值服务
传统物流是被动服务	现代物流是主动服务
传统物流实行人工控制	现代物流实施信息管理
传统物流无统一服务标准	现代物流实施标准化服务
传统物流的重点是点对点服务	现代物流构建全球服务网络
传统物流是单一环节的管理	现代物流是物流系统优化管理

四、现代物流的特征

（1）物流反应快速化。订单快速响应，前置和配送时间短，商品周转次数多。

（2）物流功能集成化。将物流与供应链的相关环节进行集成，包括物流与商流的渠道集成、物流渠道之间的集成、物流功能集成、物流环节与制造环节的集成等。

（3）物流服务系列化。对物流服务功能进行正确定位并使其完善化、系列化。除了传统的储存、运输、包装、流通加工等服务外，还可向上扩展至市场调研与预测、采购及订单处理，向下延伸至配送、物流咨询、物流方案的选择与规划、最佳库存控制策略、贷款回收与结算、教育培训等增值服务。

（4）物流作业规范化。现代物流强调功能、作业流程、作业、动作的标准化和程式化，将复杂的作业转变成简单且易于推广与考核的动作。

（5）物流目标系统化。现代物流从系统角度出发，统筹规划整个物流中心的各种物流活动，力求整体物流活动达到最优化。

（6）物流手段现代化。现代物流使用先进的技术、设备与现代化管理为销售提供优质服务，确保生产、流通、销售规模化。

（7）物流组织网络化。构建现代物流化的物流网络体系，快速、全方位地加速产品流通。

（8）物流经营市场化。现代物流经营采用市场机制，无论是物流企业，还是社会化物流企业在承担物流任务时，都以“最佳服务，最低成本”的服务目标取信于用户。

（9）物流信息电子化。由于计算机信息技术的应用，增加了现代物流过程的可见性，大幅降低了物流过程中库存积压、延期交货、延时交货、库存与运输不可控等风险，从而强化了供应商、物流商、批发商和零售商等在物流组织过程中的协调性。

任务实施

1. 结合所学，绘制本节思维导图。

2. 结合所学，汇总国内现代物流的发展经历了哪些阶段，每个阶段的特点是什么，填写下表。

发展阶段	阶段特点

任务评价

根据课程相关评分要求，本任务的评分标准如下表所示。

序号	评分项目	分值	得分
1	汇总国内物流发展阶段及各阶段特点	40	
2	绘制本节思维导图	30	
3	能够阐述现代物流与传统物流的区别	30	
合计		100	

作业与练习

一、单项选择题

1. 现代物流的主要目标是（　　）。

A. 降低运输成本　　B. 提高货物质量

C. 满足客户需求并提高物流效率　　D. 增加库存量

2. 我国现代物流发展的起点可以追溯到（　　）。

A. 1980 年　　B. 1990 年

C. 2000 年　　D. 2010 年

3. 下列（　　）不是现代物流与传统物流的主要区别。

A. 信息技术的应用程度　　B. 物流网络的覆盖范围

C. 物流服务的个性化程度　　D. 物流成本的核算方式

4. 下列关于现代物流的描述，哪一项是错误的？（　　）

A. 现代物流注重整体系统的优化　　B. 现代物流以客户需求为导向

C. 现代物流强调成本的最低化，而不考虑服务质量

D. 现代物流利用先进技术提高运作效率

5. 以下（　　）不属于现代物流发展带来的好处。

A. 提高企业竞争力　　B. 降低社会物流成本

C. 增加环境污染　　D. 提升客户服务水平

二、简答题

1. 简述现代物流与传统物流的区别。

2. 简述现代物流的概念及其核心特点。

3. 描述我国现代物流发展的主要阶段及其特点。

任务二 现代物流与经济发展

学习目标

知识目标

掌握物流活动的增值性。

理解现代物流对国民经济运行的作用。

了解物流企业在新技术和新业务方面的探索与创新。

技能目标

能够分析物流活动中的空间、时间和附加价值创造过程，提出优化建议。

能够关注物流新技术和新模式的发展动态，学习并尝试应用。

素养目标

认识到物流活动在现代经济中的重要地位和价值，树立物流行业的责任感和使命感。

对物流行业的发展保持敏感和关注，关注新技术和新模式在物流领域的应用和发展。

任务描述

如果从物体的流动来理解，物流是一种古老又平常的现象。自从人类社会有了商品交换，就有了物流活动（如运输、仓储、装卸、搬运等）。而将物流作为一门科学，却仅有几十年的历史，因此说物流是一门新学科。

对于“物流”的概念，“二战”期间，美国从军事需要出发，在对军火进行战时供应中，首先采用了“物流管理”这一名词，并对军火的运输、补给、屯驻等进行全面管理。“二战”后，物流管理被美国人应用到企业管理中，称作“企业物流”，是指对企业的供销、运输、存储等活动进行综合管理。日本于20世纪60年代引进“物流”概念，并将其解释为“物的流通”。

想一想：请阐述我国物流的昨天、今天与明天。

知识准备

一、现代物流的活动属性

物流活动具有双重属性，即它既是增值性经济活动，又是增加成本和环境负担的经济活动。对物流活动双重属性的清晰认知，是认识现代物流管理的一个基本要点。现代物流管理的任务是，在尽量降低物流成本、减轻物流活动造成的环境负担的基础上，使物流活动实现增值。

（一）物流活动是增值性经济活动

物流活动的增值性体现在物流活动创造的时间价值、空间价值和附加价值上。

1. 时间价值

物质资料从供给者到需求者之间存在一段时间差，通过改变这一时间差所创造的价值，就是物流活动创造的时间价值。物流活动创造时间价值的形式有以下三种：

（1）缩短物流时间。缩短物流时间有助于减少物流损失、降低物流消耗、提高资金周转率、节约资金等。

（2）弥补时间差。在经济社会中，需求与供给普遍存在时间差，如粮食生产具有明显的季节性和周期性，往往集中供给，而人们对粮食的消费（需求）却是不间断的，因而供给与需求之间存在时间差。物流管理借助仓储，可有效弥补这种时间差，进而创造物品的时间价值。

（3）延长时间。在某些特定的物流活动中，存在人为延长物流时间以创造时间价值的情况，如定制化生产中最为典型的管理思想——延迟制造，即只在客户需要的时候进行生产，有意识地延长物流时间并降低储运成本，从而达到创造时间价值的目的。

2. 空间价值

供给者与需求者之间往往处于不同的空间位置，存在一定的空间距离，商品在不同的地理位置往往具有不同的价值，通过物流将商品由低价值区转到高价值区的过程所创造的价值就是空间价值，也称为场所价值。物流所创造的空间价值是由现代社会产业结构、社会分工所决定的。

3. 附加价值

现代物流企业的一个重要特征就是根据自身优势开展一定的补充性加工活动，这种活动必然形成劳动对象的附加价值。例如，在商品流通中为方便运输而进行包装，在商品进入商店之前按客户要求进行分割、换装、拆零等操作，均形成了商品的附加价值。

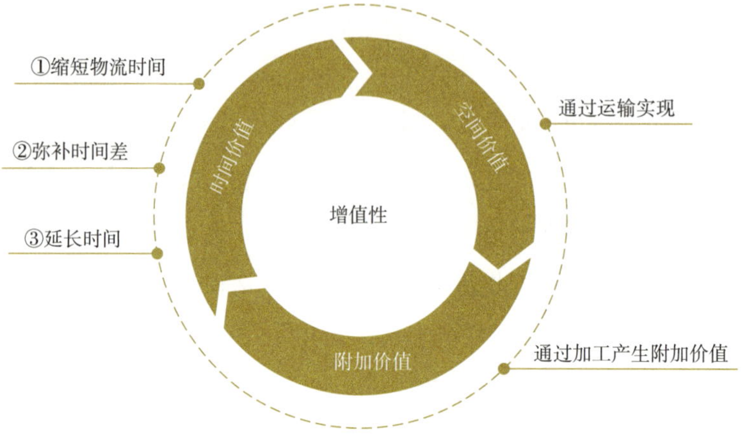

（二）物流活动是增加成本和环境负担的经济活动

无论是在国民经济领域，还是在企业经济领域，物流都是构成成本的主要因素。即使在发达国家，物流成本在总成本中依然占有相当大的比重。物流活动对环境具有比较大的负面影响，这种影响会随着物流活动数量的增加而增大、随着物流合理化水平的提高而减小。

二、现代物流对国民经济运行的作用

物流是整个社会经济的重要组成部分，物流业作为经济发展的重要产业和新的经济增长点，与经济社会的发展关系密切。随着我国市场经济的发展，物流对国民经济运行的促进作用越发显著。

1. 优化资源配置，提高经济效益

物流活动通过有效的管理和组织，能够优化资源配置，提高资源利用效率。在物质资料从供给者流转到需求者的过程中，物流系统借助合理的运输、仓储和配送等手段，将资源及时、准确地送达目的地，减少了资源的浪费和损耗。同时，物流活动还能减少物流环节中的浪费和不合理现象，降低企业的运营成本，提高企业的经济效益。

2. 缩短物流时间，加速资金周转

物流活动能够缩短物质资料在供应链中的停留时间，加速资金周转。通过优化物流流程、提高运输效率和仓储管理水平，物流系统能够降低库存积压，减少资金的占用。这有助于企业提高资金的使用效率，加快资金的周转速度，增强企业的竞争力。

3. 调节供需关系，稳定市场供应

物流活动通过仓储和配送等手段，能够有效调节供需关系，稳定市场供应。在经济活动中，供给和需求之间往往存在一定的时间差和空间差。物流系统通过合理的仓储布局和配送网络，能够及时地将物资送达需求地，满足市场的需求。同时，物流系统还能根据市场需求的变化，灵活调整运输和配送计划，确保市场供应的稳定性和连续性。

4. 促进产业升级和转型

物流产业的发展对于产业升级和转型具有积极的推动作用。随着物流技术的不断进步和物流服务的不断完善，物流企业能够为客户提供更加高效、便捷的物流服务。这不仅有助于降低企业的运营成本，提高企业的竞争力，还能够促进产业间的合作和协同发展，推动产业结构的优化和升级。

5. 扩大市场范围，促进国际贸易

物流活动能够打破地域限制，扩大市场范围，促进商品的交流和流通。通过物流系统的运作，企业可以将产品从生产地迅速运送到消费地，满足不同地区消费者的需求。同时，物流活动还能够将产品运送到国际市场，拓展海外销售渠道，促进国际贸易的发展。这有助于企业开拓更广阔的市场空间，提升企业的国际竞争力。

三、我国现代物流业的发展趋势

1. 科技化、专业化趋势加强

信息网络领域的技术突破，如大型高速船舶、新能源汽车、无人驾驶、物联网、5G技术等将在物流领域广泛应用，互联网、大数据、云计算、人工智能等将与物流业深度融合，这些都对物流业升级具有重大促进作用。未来，物流技术创新将显著呈现出快速便利、自动化、信息化、网络化等时代性特点。

2. 仓配一体化

随着电子商务的飞速发展，传统仓储物流开始向现代物流转变，仓配一体化逐渐成为现代物流的新发展方向。仓配一体化是为客户提供仓储、精细加工及配送管理的一站式服务，能够在保证货品安全的前提下提高效率，实现整个业务流程的无缝对接，充分体现了“共同仓储、共同配送”的服务理念和核心价值。仓配一体化作为仓储业转型升级的首要任务，将是物流行业进行模式创新的必由之路。

3. 共享物流

基于我国物流行业的发展现状，高成本依然是制约物流行业发展的痛点。而共享物流作为一种动员全球社会资源共同参与的物流模式，通过共享技术、服务等，有利于提高物流效率、降低成本，实现物流资源的优化配置。罗计智慧物流、运满满、云鸟配送等平台的创建，有利于实现资源共享，更好地应对行业的波动性和不确定性，为推动共享物流的发展奠定基础。

4. 众包物流

在“互联网 +”的浪潮下，众包物流模式开始萌芽，使物流行业从一个标准的劳动密集型行业，逐渐转变为技术与资本相结合的密集型行业。众包物流是指把原来由企业员工承担的配送工作，转交给企业外的大众群体来完成。基于大数据运算，众包物流模式不仅能够整合社会资源、降低物流配送成本，还可以提高物流配送效率，提升消费者的物流体验。达达、闪送等众包平台的上线，说明众包物流的创新价值和发展前景是值得肯定的。

5. 物流趋于合理化

近年来，西方工业发达国家利用先进技术改造流通领域，并根据现代社会化大生产发展的要求，在个别企业、行业内推动物流合理化，致力于实现整个社会的物流合理化，主要表现在以下几个方面。

（1）物流设施合理化。物流设施应设置在工业生产较为发达的城市或铁路、水路、公路等交通枢纽和货物中转集散地，有利于物流渠道畅通、加速货物流转。

（2）商品流向合理化。物流企业应秉持及时、准确、高效率、低费用的原则把商品运达消费地或用户，同时重视时间管理，合理使用车辆，避免迂回、相向运输，降低流通费用。

（3）包装规格化、系列化。物流企业以运输工具为基础，利用分割系列的办法，建立了运输 - 包装系统的标准规格，扭转了过去只根据生产系统确定包装尺寸的状况，确定了国际通用的物流基础模数尺寸以及与集装模数尺寸的配合关系，从而运用同一基础模数实现陆、水、空物流的统一。

（4）运输网络化。为了使物流渠道畅通、适应市场竞争的需要，各物流企业和专业运输公司应合理设置网点，使运输网络化。例如，在商业批发环节，有的大型批发市场设有物流中心，并配套设有配送中心。这些运输公司由于运输网点遍布全国各地，与铁路、港口、航空衔接，因而形成了一线相连、长短途结合、点面结合的全国商品综合运输体系，使商品运输合理化、网络化。

（5）物流机构和环节合理化。物流机构的设置可根据生产力布局、流通分工的要求采取多种形式。例如，在产地和销地建立以储存产品为主的物流中心，不同商品的物流环节有所不同。例如，服装从工厂到物流中心，再到配送中心，是将大包装改为小包装后运送到零售商店，最后到消费者手中；新鲜商品是从产地或批发商场到零售商店，再到消费者手中。

任务实施

1. 查找资料，归纳我国现代物流发展趋势及相对应的典型代表企业。

发展趋势	典型代表企业

2. 结合所学，绘制本节思维导图。

3. 各组制作 PPT，并派代表上台将本组上网查找的资料与大家进行分享。

任务评价

根据课程相关评分要求，本任务的评分标准如下表所示。

序号	评分项目	分值	得分
1	能够归纳我国现代物流发展趋势及相对应的典型代表企业	40	
2	绘制本节思维导图	30	
3	汇报分享情况	30	
总计		100	

作业与练习

一、单项选择题

1. 能够充分体现“共同仓储、共同配送”的服务理念和核心价值的是（　）。

A. 仓配一体化　B. 电商物流　C. 物流运营　D. 第三方物流

2. 能够动员全球社会资源共同参与，通过共享技术、服务等，有利于提高物流效率、降低成本，实现物流资源的优化配置，此模式为（　）。

A. 仓配一体化　B. 电商物流　C. 共享物流　D. 第三方物流

3. 把原来由企业员工承担的配送工作，转交给企业外的大众群体来完成的物流模式是（　）。

A. 仓配一体化　B. 众包物流　C. 共享物流　D. 第三方物流

4. 在仓配一体化模式下，以下哪项不是其优势？（　）

A. 提高库存周转率　B. 降低物流成本

C. 增加库存积压　D. 提高客户满意度

5. 共享物流的主要目的是什么？（　）

A. 提高运输效率　B. 增加物流设备投资

C. 降低物流成本　D. 减少物流人员数量

6. 众包物流主要依赖于哪种资源？（　）

A. 专业物流公司　B. 自有运输车辆

C. 社会闲散人力资源　D. 大型仓库

二、判断题

1. 仓配一体化模式能够有效降低物流成本和提高物流效率。（　）

2. 仓配一体化只适用于大型企业，中小企业无法实施。（　）

3. 共享物流是通过共享物流资源，降低物流成本和提高物流效率的一种模式。(　)

4. 所有的物流资源都可以进行共享。(　)

5. 众包物流利用社会闲散人力资源，能够有效应对高峰期的物流需求。(　)

三、案例题

案例 1：某传统电商企业计划将传统仓储物流向现代物流转型，将公司仓储与配送功能融合，为客户提供仓储、精细加工及配送管理的一站式服务。

案例 2：随着 Uber 和滴滴出行的共享模式向物流行业渗透，人们在淘宝上购物的物流信息有时是菜鸟物流，有时是“三通一达”；人们在京东上的物流信息有时为京东自营物流，有时为第三方物流。无论哪一种模式，这些信息资源都是可以共享的。

案例 3：深圳某贸易公司要发送一批货物到德国，公司发货部首先联系了第三方物流，将货物通过集装箱陆路运输到深圳蛇口港口，然后通过海上远洋运输到达目的地港口，最终送达客户手中。

案例 4：某品牌鞋业率先采用“互联网 +”的模式。该公司本身是劳动密集型产业，之前很多员工还要承担配送工作，现在该公司采取资本与技术相结合的模式，将一大部分配送工作外包给了企业以外的大众群体，从而使该公司提高了效率、节约了成本。

1. 案例 1 中，传统仓储物流与现代物流的转型体现在（　）。

A. 仓配一体化　　B. 客户一体化　　C. 流通一体化　　D. 运输一体化

2. 案例 2 体现了现代物流发展的哪一种趋势？（　）

A. 封闭化　　B . 网络化　　C. 共享物流　　D. 绿色物流

3. 案例 3 中，该贸易公司采用的运输形式为（　）。

A. 陆路运输　　B. 海上运输　　C. 多式联运　　D. 航空运输

4. 案例 4 体现了现代物流发展的哪一种趋势？（　）

A. 数据化　　B. 众包物流　　C. 第四方物流　　D. 传统物流

5. 结合案例，我国现代物流业的发展趋势有（　）。

A. 陆路运输、远洋运输、内贸运输

B. 仓配一体化、共享物流、多式联运、众包物流

C. 系统化、智能化、绿色化

D. 流程化、装卸化、标准化

04 项目四

仓储作业

任务一 仓储作业

学习目标

知识目标

理解仓储的概念及其在物流活动中的地位。

了解仓储的功能。

了解仓储分类的常用方法。

能初步认识仓储作业的基本环节。

技能目标

能识别仓储的功能，掌握仓储的基本功能。

能够识别仓储的种类，熟练区分仓储的不同类型。

能够绘制仓储作业流程，掌握仓储作业各基本环节。

素养目标

培养对仓储作业团结协作、精益求精的精神。

任务描述

小李入职了一家综合性的物流企业，公司给他安排了仓管员的岗位。小李为了尽快地熟悉业务，积极请教他的师傅，熟悉仓储的基本功能、仓储的类型和仓储作业各环节的流程，出色地完成了仓储作业任务。

任务要求：

（1）能熟练掌握仓储的功能。

（2）能熟练掌握仓储的种类，区分仓储不同类型。

（3）能够根据仓储作业基本环节，绘制仓储作业流程。

知识准备

一、物流和仓储的概念

物流是指物品从供应地向接收地的实体流动过程。根据实际需要，将运输、储存、装卸、搬运、包装、流通加工、配送、信息处理等基本功能实施有机结合（GB/T 18354—2021《物流术语》）。仓储是指利用仓库及相关设施设备进行物品的入库、存储、出库的活动（GB/T 18354—2021《物流术语》）。

仓储中的“仓”即仓库，是储存、保管物品的建筑物和场所，可以是房屋、大型容器、洞穴或者特定的场地等，具有存放和保护物品的功能；“储”表示收存以备使用，具有收存、保管、支付使用的意思。也可以说，仓储就是利用仓库对物品进行储存、保管的物流活动。

二、仓储在物流活动中的地位

运输和仓储是物流的两大基本功能。物流活动可以克服商品生产和消费在空间和时间上的不平衡，创造空间效用和时间效用。在物流活动中，运输承担着改变物品空间状态的重任，而改变物品时间状态的责任则由仓储来承担。因此，运输和仓储并列为物流的两大功能，被称为物流的两大支柱。

想一想

仓储在物流活动中的作用和地位是什么？

三、仓储的主要功能

1. 储存、保管功能

仓储通过验收、在库管理等活动，实现对物品的储存、保管，保障物品的质量，减少库存损失。储存、保管可以保持劳动产品的使用价值，是仓储最基本的功能。

储存是指保护、管理、贮藏物品。保管是指对物品进行储存，并对其进行物理性管理的活动（GB/T 18354—2021《物流术语》）。

2. 调节供需功能

仓储作为连接生产者与消费者之间的桥梁和纽带，可以调节生产和消费在时间和空间上的不平衡，衔接流通过程，维持市场稳定，保证社会再生产顺利进行，满足人民生活的需要。

3. 增值服务功能

传统仓储以储存、保管物品为主，是静态的仓储，可比喻为“蓄水池”；现代仓储除具有储存、保管功能外，还可以实现对物品的流通加工、拣选配送等功能，是动态的仓储，可比喻为“河流”。

4. 降低物流成本

仓储作为物流的基本功能之一，影响着物流成本的高低。传统的仓储是为了存，而现代的仓储是为了少存，甚至不存。库存管理得当，有助于加快商品的流通和资金的周转，降低物流成本，提高经济效益。

四、仓储的种类

根据仓储的物品保管条件、经营主体、功能的不同，可以将仓储划分如下种类：

分类标准	种类	定义
按物品保管条件	普通物品仓储	为无特殊储存、保管要求的物品提供的仓储。普通物品仓储只需要仓库具备自然通风、常温等一般条件
	特殊物品仓储	为有特殊储存、保管要求的物品提供的仓储。特殊物品仓储需要仓库具备恒温、恒湿，或冷藏，或能够控制氧气和二氧化碳浓度，或对危险品起一定防护作用的设施或设备
按经营主体	自用仓储	生产企业、流通企业利用自有的仓储设施，对本企业的货品实施储存、保管
	营业仓储	经营人以其拥有的仓储设施，向社会提供商业性仓储服务
	公共仓储	国家或公共团体为了公共事业、公共利益而提供的仓储配套服务
按功能	储备仓储	国家为了国防安全、应对重大自然灾害以及维护社会稳定，实行战略物资储备
	储存型仓储	存货人将特定的物品交保管人进行储存、保管，到期保管人将原物品交还存货人
	流通型仓储	为商品流通服务，专门储存和保管流通企业待销售的商品，包括批发仓库、零售仓库
按功能	中转型仓储	主要设置在生产地和消费地之间的交通枢纽，衔接不同的运输方式
	加工型仓储	物品储存、保管和流通加工相结合的仓储活动
	配送型仓储	以物品配送为主要目的的仓储活动
	保税型仓储	使用海关核准的保税仓库存放保税货物

五、仓储作业的基本环节

（1）入库作业。当仓库接到入库任务时，会根据仓库中已有物品的存储状况，通过信息系统对将要到来的物品进行储位分配。当物品运抵仓库时，收货员必须严格检查外包装是否完好，若出现破损、污损、已过保质期等情况，收货员必须拒绝收货。然后再按照信息系统的指示，对符合要求的物品进行入库操作。

（2）在库作业。在仓库中保管物品时，需要根据物品属性对其进行合理保管。保管基本上分为两个部分：①物品的质量保管。仓库可能会接到有特殊保管要求的物品，如需要冷藏、恒温保管的物品等，保管时要保证物品质量不会发生变化。②物品的数量保管。在保管过程中，需要对物品进行定期和不定期的盘点，主要是清查物品的数量，保证能够及时掌握在库物品的确切数据信息，以保证下一项作业的顺利进行。

（3）出库作业。物品出库环节需要完成以下几方面的任务：①配货。仓管员根据出库信息，对要出库的物品进行集中，并统一放置到发货暂存区。②复核。在完成配货任务之后，仓管员根据出货单对将要出库的物品进行复核，核对品种，清点数量。③出库。完成复核后，物品已达到出库的要求，接下来完成最后一个步骤——出库，可以选择送货上门或者客户自提等方式。

任务实施

1. 了解仓储的主要功能。

仓储活动	主要功能
烟草企业自动化立体仓库存储	
进出口的食品临时存放于海关港口码头仓库	
服装制造商在衣服上挂吊牌	
第三方物流为制造企业提供仓库服务	
汽车零配件企业实行零库存管理	
家电生产企业为完成生产而采购的批量原材料	

2. 识别仓储活动所属的种类。

仓储活动	按经营主体分类	按功能分类
钢材市场根据客户要求对钢材进行裁剪		
空调制造商在夏季到来前大量生产空调		
物流配送中心向各个超市配送货物		
煤炭到达码头堆场后，再分拨销售		
国家应急粮食存储基地		

3. 绘制仓储的基本流程。

想一想

不同的仓储活动对于仓储作业有何重要意义？

任务评价

根据课程相关评分要求，本任务的评分标准如下表所示。

序号	评价项目	评分标准	分值	得分
1	仓储功能的识别	能准确说出仓储的功能	30	
2	仓储种类的识别	能准确划分仓储种类	30	
3	仓储作业流程绘制	能准确绘制仓储作业流程	40	
总计			100	

拓展阅读

回顾我国仓储物流行业政策历程，“十五”期间，仓储物流行业以搭建框架为主，处于发展起步阶段。“十一五”至“十二五”期间，仓储物流行业受国家政策支持快速发展，第三方物流企业纷纷涌现，大型物流枢纽的建设工作持续推进。“十三五”时期，冷链物流、绿色物流等概念出现在规划文件中，仓储物流建设进一步细化。到了“十四五”时期，仓储物流行业细分领域建设持续完善，尤其是冷链物流领域得到快速发展。

为了让中国仓储物流行业走上更为规范、快速的发展道路，国家发布了一系列相关的政策法规。这些政策的发布使得国家为仓储物流企业的发展提供了政策方向。《中华人民共和国国民经济和社会发展第十四个五年规划和 2035 年远景目标纲要》要求建设现代物流体系，统筹物流枢纽设施，完善国家物流枢纽；优化国际物流通道，加快形成内外联通、安全高效的物流网络；坚持经济性和安全性相结合，补齐短板、锻造长板，分行业做好供应链战略设计和精准施策，形成具有更强创新力、更高附加值、更安全可靠的产业链供应链。

作业与练习

一、单项选择题

1. 物流的基本功能包括运输和（　　）。

A. 仓储　　B. 存储　　C. 包装　　D. 流通加工

2. 以下描述不是仓储的功能的是（　　）。

A. 保障货品的质量　　B. 保障社会再生产的顺利进行

C. 进行机械化管理　　D. 流通加工和配送

3. 国家或公共团体为了公共利益而建设的仓储称为（　　）。

A. 自用仓储　　B. 公共仓储　　C. 营业仓储　　D. 保税型仓储

4. 仓储作业的基本环节包括（　　）。

A. 入库作业　　B. 在库作业　　C. 出库作业　　D. 分拣作业

5. 出库作业的任务包括（　　）。

A. 配货　　B. 配送　　C. 复核　　D. 分拣

二、判断题

1. 仓储最原始、最基本的功能是保存劳动产品的价值。（　　）

2. 仓储是以改变“物”的空间状态来发挥作用的。（　　）

3. 拣选是配送的重要作业之一，以满足客户需求为目标。（　　）

4. 入库时若出现破损、污损、已过保质期等情况，收货员可以拒绝收货。（　　）

5. 生产企业、流通企业可以利用第三仓的仓储设施，对本企业的货品实施储存、保管。（　　）

三、技能训练题

请绘制全国职业院校技能大赛现代物流综合作业仓储作业流程图。

05 项目五

配送作业

任务一 体验配送作业

学习目标

知识目标

概述配送作业的概念和分类。

阐述配送中心作业的基本流程。

简述配送路线设计的原则。

技能目标

判断配送的类型。

识别不同配送中心的特点。

描述配送中心的工作流程及可能出现的问题。

素养目标

培养对物流专业知识的自信。

增强对安全配送的重视和配送准确的责任意识。

任务描述

"好买通"是一家知名的大型电子商务平台，它提供了广泛的商品选择，涵盖了从书籍、家居装饰品到最新的电子产品等多个领域。这个平台凭借丰富的商品种类和便捷的购物体验而受到消费者的青睐。为了确保顾客能够享受到高效便捷的购物体验，"好买通"建立了自己的物流系统，并与多家第三方物流公司建立了合作关系，这样一来，无论在城市还是乡村，都能保证商品迅速且准时地送达消费者手中。

"好买通"的配送中心负责监督订单的处理过程，确保每一件商品都能按照顾客的要求准确无误地发出。然而，最近公司收到了一位顾客的投诉，原本应该发给客户的冰红茶被错发成了冰绿茶。这个错误不仅影响了顾客的购物体验，也可能对"好买通"的声誉造成不利影响。配送中心新入职的实习生小孙通过轮岗来掌握配送作业各环节的标准和流程，根据具体情况处理相关问题，避免出现配送货物出错的情况。

任务要求：

（1）概括配送中心作业的基本流程。

（2）探讨本案例配送过程中可能出现的问题。

（3）讨论解决方案和预防措施。

（4）完成 PPT 并进行汇报。

知识准备

一、配送的含义

在《物流术语》（GB/T 18354—2021）中，配送被定义为在经济合理的区域范围内，根据用户的要求，对物品进行拣选、加工、包装、分割、组配等作业，并按时送达指定地点的物流活动。

具体来说，配送的含义可以从以下几个方面进行理解。

（1）区域性：配送活动通常发生在一个经济合理的区域范围内，这意味着配送的服务半径是有限的，通常是基于成本和效率的考虑来加以确定。

（2）用户需求导向：配送是根据用户的具体要求来实施的。这包括用户对货物种类、数量、送货时间等方面的需求。

（3）作业流程：配送不仅仅是简单的货物运输，它还包括对物品进行拣选、加工、包装等一系列的物流作业。这些作业旨在确保货物能够在适当的条件下被正确地分配和运送。

想一想

配送和送货是一个概念吗？两者之间的区别是什么？

（4）时效性：配送需要保证货物能够按时送达指定地点，这要求在配送过程中的时间管理必须精确，以满足用户对时效性的需求。

（5）综合性：配送几乎包含了所有的物流功能要素，是物流活动的一个缩影，或者说是在某个小范围内物流活动的体现，是所有物流功能要素的综合应用。

二、配送的类型

配送作为物流体系中至关重要的一环，涵盖了众多的种类和形式。为了更好地理解配送的多样性，我们可以从三个关键角度对其进行分类。

1. 配送的数量及时间

（1）定时配送：按规定的时间间隔进行配送，如一天一配、一天两配等；或者在指定时间内送达，比如承诺每天上午 8—9 点送达等。

（2）定量配送：按规定的批量进行配送，但不严格确定时间，只是规定在一个指定的时间范围内配送。这种方式由于数量固定，备货工作较为简单，无须经常改变配货备货的数量，因而能够有效利用托盘、集装箱等集装方式，也可实现整车配送，所以配送效率较高。

（3）定时定量配送：在规定准确的配送时间和固定的配送数量的情况下进行配送。这种方式在用户较为固定且有长期稳定计划时使用，兼具定时、定量两种方式的优点，具有较大优势。但这种方式特殊性强，计划难度大，适合采用的对象不多，虽较为理想，却并非一种普遍采用的配送方式。

（4）定时、定路线配送：在确定的运行路线上制订到达时间表，按运行时间表进行配送，用户可在规定线路及规定时间接货，亦可按规定线路及时间表提出配送要求，从而进行合理选择。但这种方式的应用领域有限，不是一种可以普遍采用的方式。

（5）即时配送：在不预先确定配送数量、配送时间及配送线路的情况下，完全按用户要求的时间和数量进行配送。这种方式是以某天的任务为目标的。

2. 配送的品种和数量

（1）少品种大批量配送：在这种模式下，虽然品种不多，但每种货物的数量却相对较大。它适用于那些需求稳定、单一品种需求量大的场景。

（2）成套、配套配送：这是指将多种产品组合在一起，作为一个整体进行配送的方式。通常用于为特定项目或订单提供完整的产品组合。

3. 组织形式的角度

（1）分散配送：在这种模式下，货物从多个不同的供应点出发，分别独立地向各个目的地配送。

（2）集中配送：与分散配送相对，所有的货物都从一个中心点发出，然后分送到各个目的地。这种方式有助于提高运输效率，降低运输成本。

（3）共同配送：指多家企业合作使用同一配送系统，共享资源以降低成本和提高效率。

此外，依据配送中心的功能，还可分为存储型配送中心、流通型配送中心、加工型配送中心；依据配送货物的种类，可分为食品配送中心、日用品配送中心、医药品配送中心、化妆品配送中心、家电产品配送中心、电子产品配送中心等。

三、配送中心作业

配送中心在现代物流体系中扮演着至关重要的角色，它将来自不同生产地点的货物集中存储和管理，通过优化运输路线和方式，提高整个物流网络的效率和可靠性。通过集中存储和批量运输，配送中心能够减少单件货物的运输和存储成本，从而提高物流的整体经济效益。配送中心还通过提高效率、提供定制服务、强化信息处理、规范作业流程来促进产业发展和增强企业竞争力，为现代物流供应链提供了强有力的支持，是连接生产与消费的重要纽带。

1. 配送中心的概念

配送中心（Distribution Center，DC）是集中从事物流活动的场所或组织，主要为用户提供配送服务，是物流配送体系的重要组成部分。它通常是指一个或多个地点，用于接收货物、进行存储、加工、分拣和发货等操作，以便将商品及时准确地送达最终用户或零售点。

2. 配送中心的分类

配送中心根据功能和特点，可以分为以下几类。

（1）流通型配送中心。在现代供应链管理中，流通型配送中心充当着物流枢纽的角色，它通过集中货物、进行分拣和配载，以及有效控制库存，确保产品能够迅速且准确地被配送到最终目的地。其设计旨在实现商品从供应商到消费者的顺畅流动，减少运输和储存成本，同时提高客户服务水平。随着电子商务的兴起和消费者需求的多样化，流通型配送中心的作用变得更加重要，它必须具备适应快速反应市场变化的能力，并具备高效的信息管理系统。有效的流通型配送中心管理可以显著减少供应链中的浪费，例如过度库存、不必要的搬运和运输延误，从而为企业带来竞争优势。流通型配送中心利用先进的技术和自动化设备来提升作业效率，包括高度复杂的仓库管理系统（WMS）、自动分拣系统和实时跟踪与监控系统。

（2）储存型配送中心。储存型配送中心是为了满足市场需求而建立的，它通常具有较大的库存量，用于支持企业成品销售或原材料、零部件的供应。它主要解决了用户多样化需求与厂商大批量专业化生产之间的矛盾，并且实现了销售与提供服务的高效组织。在买方市场下，企业为了确保产品的可供性，其配送中心往往具备较强的储存能力；而在卖方市场下，为了保障生产的连续性，供应型配送中心也会设立较大的库存。对于大范围配送的配送中心，由于需要辐射较广的区域，通常也会配备有较大的库存，因此很可能属于储存型配送中心。例如，瑞士的GIBA-GEIGY公司配送中心拥有规模位居世界前列的储存库，可储存高达4万个托盘；美国赫马克配送中心则拥有一个包含163000个货位的储存区，显示出其巨大的存储能力。

储存型配送中心在供应链中扮演着至关重要的角色，它不仅提供存储空间，还通过高效的仓储管理和运输服务，确保货物能够及时、准确地送达客户手中。这种类型的配送中心通常位于地理位置优越的地方，如港口、铁路和公路枢纽附近，以便能够快速响应市场需求。

（3）加工型配送中心。加工型配送中心在货物配送的过程中，还负责对货物进行一定的加工处理，如包装、分拣、装配等。加工型配送中心通常位于制造业企业附近，以便及时将原材料加工成成品并配送到各个销售点。加工型配送中心的主要职能是对物品进行加工，包括分装、改包装、集中下料、套裁、初级加工、组装、剪切和表层处理等活动。这些加工活动使得产品更加符合客户的需求，提高了产品的附加值。比如上海联华生鲜食品加工配送中心有限公司是上海市政府为民办实事的市重点工程——“厨房工程”的核心企业，是一个典型的加工型配送中心，拥有较大的年生产能力，能够生产多种生鲜食品。这个中心不仅涉及生产加工，还负责水果、冷冻品等的配送工作。

总之，不同类型的配送中心根据其功能和特点，承担着不同的物流任务，共同促使整个物流系统的高效运转。

四、配送中心的功能

配送中心通过高效地完成各项功能，为客户提供优质的物流服务。其功能主要包括以下几项：

（1）采购集货功能。配送中心从制造商或供应商处采购大量的、品种齐全的货物。在执行其功能时，应考虑以下要求：

• 加强对货物采购信息的收集和分析，包括货源信息、价格信息、运输信息。

• 与制造商或供应商建立稳定的合作伙伴关系。通过合作过程，选择与诚实可靠、声誉良好的供应商合作，可以杜绝假冒伪劣商品的混入，提高配送中心企业形象。

• 尽力降低采购集货风险。通过对商品市场的调查，了解商品供需状况，减少因采购批量不当而造成的库存积压。

• 确定采购集货操作时间，防止因采购不及时或因一次采购批量不足造成商品脱销或停止生产。

（2）储存保管功能。配送中心必须保持一定水平的货物储存量。一方面，如果低于合理储存量水平，可能带来负面效应；另一方面，储存量水平与一般仓库储存量存在诸多不同，如品种花色、数量、要求等内容。因此，配送中心必须掌握或考虑其流动性很大这一特点，严格控制储存量。

（3）分拣功能。由于配送中心面对的是广泛的用户且用户之间存在差异性，因此，必须对所需货物进行规模性分离、拣选，从而筛选出所需货物。

（4）加工功能。配送中心的加工主要是为了扩大和提高经营范围和配送服务水平，同时，还可以提高货物价值。加工形式主要有以下类型：

• 切割加工。对整件货物通过分割形成等量或等额单元。

• 分装加工。为了便于生产或销售，货物按要求被重新包装成大包装、小包装、运输包装、销售包装等多种形式。

• 分选加工。由于购进货物在质量等级、规格、花色上存在一定差异，不利于生产或销售，必须进行有效的、有目的的人工或机械方式分选，以满足不同需求。

（5）连接功能。配送的连接功能主要表现在以下几个方面：

• 连接生产领域和消费领域的空间距离。许多供应商制造的货物通过配送中心送达各用户。

• 连接生产领域和消费领域的时间距离。由于货物的制造与货物的消费不可能保持时间一致，因此客观上存在供需矛盾，而配送中心就是通过其功能的发挥，有效地解决了这一矛盾。

（6）信息处理功能。配送中心的整个业务活动必须严格按照订货计划或通知、各用户的订单、库存准备计划等内容进行有效操作，而这一过程本身就是信息处理过程，其信息的处理具体表现在：

• 接受订货。接受用户订货要求，经综合处理后，制订相应供货计划。

• 下达发货指令。接受订货后，根据用户分布状况确定发货网点，通过计算机网络或其他方式向发货网点下达发货指令。

• 制订配送计划。确定配送路线和车辆，选定最优配送计划并发出配送计划。

• 控制系统。配送中心即时或定时了解采购情况、库存情况、加工情况、配送情况，以便准确、迅速、有效地处理业务。

• 与制造商和用户的衔接。掌握制造商的情况，就能及时向其发出采购通知以便于进货，同时了解各用户对货物的要求，也便于及时储存货物和运输货物，满足用户需求。

总的来说，配送中心通过这些功能，有效地降低了流通成本，提高了客户满意度，并为供应链管理带来了规模效益。

五、配送中心的主要工作流程

配送中心的作业流程通常包括以下几个关键步骤：

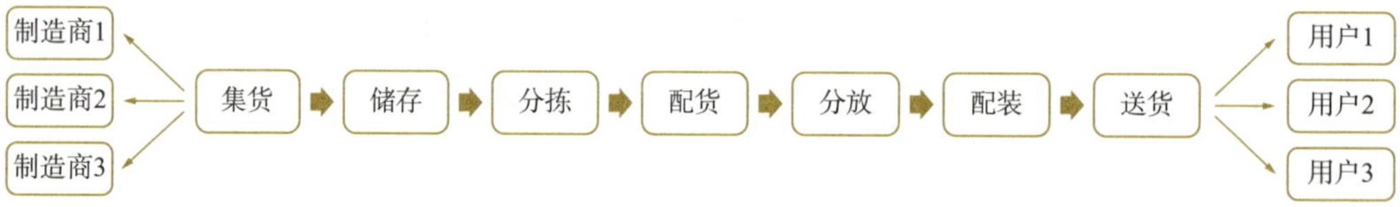

配送中心的作业流程形式多种多样，主要取决于配送中心本身的规模大小、设施条件、经营服务功能等诸多因素。针对配送中心的一般功能而言，主要有以下作业流程：

（1）集货。集货过程包括货物采购、接货、验货和收货等具体内容。配送中心的信息中心每天汇总各用户的销售和生产信息，汇总库存信息，然后向总部采购部门发出以上信息，由采购部门与制造商联系，发出订单，组织货物采购。配送中心根据制造商送来的订购货物组织入库作业，通过接货、验货和收货等不同程序，最终将合格货物存入库中。

（2）储存。储存的目的是满足货物生产和销售的需要，在保持合理库存期间，同时还要求货物储存不发生任何数量和质量变化。

（3）分拣、配货、分放。分拣和配货作业在配送中心理货区内进行。分拣是对确定需要配送的货物种类和数量进行挑选，其方式可采用自动化分拣和手工分拣两种。配货也有播种方式和摘果方式两种基本形式。

• 播种方式是指将需要配送的同种货物从库区集中于发货区，再根据每个用户对货物的需求进行二次分配。这种方式适用于品种集中或相同、数量比较大的情况。

• 摘果方式是指利用分拣等在库区内为每个客户拣选其所需要的货物。这种方式适用于货物品种多但分散、数量少的情况。

分放往往是对已经分拣并配备好的货物由于不能立即发送，而需要集中在装配区或发货区等待统一发货。

想一想

为便利店配货，应采取播种方式还是摘果方式？

（4）配装。将包装好的商品装入运输车辆，进行必要的物流安排，如调整货物位置、固定货物等，以保证安全运输。为了提高货车厢容积和运输效率，配送中心把同一送货路线上不同客户的货物组合、装配在同一辆载货车上，这样不但可以降低送货成本，而且可以减少运输数量，避免交通拥挤。

（5）送货。送货是配送中心作业流程的最终环节，运输车辆按照预定的路线将商品送达客户手中。这个过程可能涉及多个配送点和不同的交通模式。一般情况下，配送中心利用自备运输工具或借助社会专业运输力量来完成送货作业。有的配送中心按照固定时间和路线进行送货；有的配送中心不受时间和路线的限制，机动灵活地完成送货任务。

以上流程可能因不同类型的配送中心而不同，比如一些配送中心可能专注于特定类型的货物，如冷链产品、家具、危险品等。此外，现代物流技术如自动化拣选系统、机器人、无人机和先进的信息管理系统等都可能被整合进这些流程中，以提高配送中心的效率和响应速度。

六、配送路线

配送路线规划是配送作业中的一项关键活动，旨在优化货物从配送中心到客户的运输过程。有效的配送路线规划可以节省时间和成本、提高客户满意度、减少排放等。

（1）确定配送路线的原则。配送路线的选择对配送货物的速度、成本、利润有相当大的影响，所以采用合理和科学的方法确定配送路线尤为重要。

路程最短原则。这是一种最为直观的原则。当路程与成本相关程度高、其他因素可忽略不计时，路程长短可优先考虑。

成本最低原则。成本是配送核算的减项部分，是诸多因素的集合，较为复杂。在具体计算过程中，必须在同一范围内加以考虑，认同其最小值。

利润最高原则。利润是配送中心的核心，也是业务成果的综合体现。因此在计算时，应力争利润数值最大化。

吨公里最小原则。这一原则在长途运输时经常被选用。在多个发货站和多个收货站的条件下，此原则最为适用。在共同配送时，也可采用此项原则。

准确性最高原则。准确性内容包括配送至各大用户的时间要求和路线合理选择的要求。协调这两个因素操作起来比较困难，会造成与成本核算的矛盾，因此要有全局观念。

合理运力原则。运力包括组织配送人员、配送货物和各项配送工具。为节约运力，必须充分运用现有运力，实现配送任务。

（2）确定配送路线的约束条件。约束条件主要有：

客户需求：满足用户或收货人对货物品种、规格、数量和质量的要求。需要详细了解每个客户的需求，包括送货时间窗口、货物类型和数量等。

配送距离信息：在配送中心现有生产力范围之内进行配送。要考虑所有配送点的地理位置，并计算它们之间的距离或行驶时间。

时间窗限制：满足客户或收货人对货物送达的时间限制要求。在允许通行的时间进行配送。要考虑每个客户要求的时间窗口限制，确保在客户指定的时间段内完成送货。

配送车辆容量限制：配送的货物量不得超过车辆载重量和容积等指标要求，配送中心需要根据车辆的最大载重量和体积限制安排货物装载。

交通规则和条件：遵守配送地的交通规则，如禁止通行区域、交通高峰时段等。

成本控制：要使配送的总成本最小化，包括燃料消耗、人工成本、车辆折旧和管理成本等费用。

配送优先级：根据客户需求的紧急程度或服务级别协议（SLA）确定配送优先级。

回程规划：计划好返回配送中心的路线，若有可能，携带回程货物以提高效率。

灵活性与应变能力：预留一定的灵活度，以应对交通阻塞、事故或其他不可预见事件。

环境因素：考虑环境友好型路线规划，比如最短距离可能并非最环保的选择。还可以考虑利用 GPS、GIS、路线规划软件和车辆追踪系统等技术工具来辅助规划，分析历史数据以预测未来需求，优化路线并改进配送模式。

配送路线规划是一个复杂的过程，往往需要权衡多种因素。通常会使用数学模型和算法，如车辆路径问题及其变体来辅助制订最佳配送策略。随着人工智能和机器学习技术的发展，现代的配送路线规划工具已经能够提供更精准和高效的解决方案。

拓展阅读

物流配送线路优化的方法分为精确算法和启发式算法两大类。精确算法是指可求出其最优解的算法，主要有割平面法、分支定界法、动态规划法等。由于精确算法的计算量一般会随问题规模的增大而呈指数增长，在实际中其应用范围有限。为此，专家们主要把精力用在了构造高质量的启发式算法上。

任务实施

1. 完成组员分工。

成员	负责的工作内容	完成度

2. 收集制作 PPT 所需要的信息，并列出提纲。

主题	
第一部分	
第二部分	
第三部分	

3. 制作 PPT，分析本案例配送过程中可能出现的问题，并提出解决方案和预防措施。

任务评价

根据课程相关评分要求，本任务的评分标准如下：

序号	考核内容	分值	得分
1	PPT 的内容体现了任务要求（基本流程、问题、解决方案和预防措施）	65	
2	PPT 的结构合理，逻辑顺畅	15	
3	PPT 整体界面美观、布局合理、层次分明、视觉效果好	10	
4	汇报表达清晰，声音洪亮，富有表现力	10	
合计		100	

作业与练习

一、判断题

1. 配送路线规划仅需要考虑距离因素，与时间无关。（　）

2. 实施实时货物追踪可以降低配送过程中的丢失和损坏风险。（　）

3. 增加每次配送的货物数量总是能提高配送效率。（　）

4. 任何时候，使用最高速度进行配送都能确保最快的送达时间。（　）

5. 定时定量配送是企业配送服务努力发展的方向。（　）

二、单项选择题

1. 配送是物流活动的一种综合形式，是“配”与“送”的有机结合，可为客户提供怎样的服务？（　）

A. 货物到达城市配送中心　　B. 货物从配送中心到零售店

C. 货物从配送车辆到最终客户　　D. 货物在零售商店内的摆放

2. 在制订配送路线时通常要考虑哪个因素，以降低总配送成本？（ ）

A. 增加配送车辆的数量　　B. 减少每辆车的装载量

C. 提高配送车辆的装载率　　D. 选择最长的配送路线

3. 配送作业中的哪个环节对保证产品品质和客户满意度至关重要？（ ）

A. 购买保险　　B. 货物装卸　　C. 投诉处理　　D. 运输途中的货物监控

4. 配送活动的核心是（ ）。

A. 物流　　B. 送货　　C. 储运　　D. 装卸

5. 配送的出发点是（ ）。

A. 备货　　B. 用户要求　　C. 合理性　　D. 经济指标

三、多项选择题

1. 在配送作业中，以下哪些因素会影响配送效率？（ ）

A. 路线规划　　B. 货物装载方式

C. 交通状况　　D. 司机驾驶技能

2. 哪些指标通常用于衡量配送作业的性能？（ ）

A. 准时送达率　　B. 平均配送成本

C. 客户投诉数量　　D. 配送车辆的油耗

3. 在设计配送中心时，以下哪些行为是为了提升作业效率？（ ）

A. 选择合适的地点以接近主要交通干线　　B. 增加存储空间以容纳更多货物

C. 引入自动化分拣系统　　D. 提供员工培训和教育计划

4. 配送按配送时间和数量可分为（ ）。

A. 定时配送　　B. 定量配送　　C. 定时定量配送

D. 定时定线配送　　E. 即时配送

5. 配送中心的主要功能有（ ）。

A. 采购集货　　B. 储存保管　　C. 分拣加工

D. 连接功能　　E. 信息处理

四、简答题

1. 如何进行有效合理的配送？

2. 简述配送中心的配送流程。

任务二 了解配送技术与设施设备

学习目标

知识目标

概述配送作业技术与设备的选择。

阐述分拨中心及配送站点常用的技术与设备。

简述配送作业设备的日常维护内容和使用流程。

技能目标

判断配送技术的类型。

掌握配送中心、分拨中心及配送站点设施设备的特点。

描述配送设备的使用流程。

素养目标

增强对物流专业知识的了解，树立正确的职业观念。

增强对设备使用与维护工作的重视和尊重。

任务描述

未来域物流与供应链集团构建了一个精细化的配送体系，这一体系由三个主要层级构成：配送中心、分拨中心以及配送站点。配送中心是这个体系中的核心枢纽，它包括多个专门的作业区域，以满足不同的物流服务需求。在配送中心内，存储区被细分为几个子区域。自动化立体仓库存储区利用先进的自动化技术，高效地存储大量货物；货架存储区则使用传统的货架系统来存放商品；平面堆存区用于那些需要平面堆放的货物。拣选作业区是配送中心的另一个重要部分，根据货物的不同特性和处理需求，可划分为多个专门区域。货架拣选区适用于货架上的商品拣选；平面仓（平置仓）拣选区用于处理平面存储的货物；语音拣选区通过语音指令辅助拣选工作；智能化拣选区采用智能系统指导拣选过程；全自动拣选区完全由机器自动完成拣选。理货作业区作为配送中心的最后一环，负责对货物进行最后的整理和准备，以确保货物能够顺利发出。包装作业区负责对货物进行包装；集货作业区将不同订单的货物集中在一起；月台作业区是货物装卸的主要区域。

分拨中心作为连接配送中心和作业站点的桥梁，其功能是接收来自到件区的货物，经过分拨作业区的处理后，最终发送到发件区，以便开展下一步的配送工作。

配送站点是物流体系的前端节点，它集合了货物的到达、暂存和出发等功能，是一个多功能的作业点。这些站点通常位于靠近客户的位置，以便快速响应客户的需求。包括整箱商品和拆零商品。配送中心信息员已经生成拣选任务单，拣货员需要选择并使用设备完成配送中心拣货、包装、集货、装车上货等作业，再经过分拨中心二级分拨以及配送站点送货至客户的全程配送活动。

小赵同学是公司配送部门新入职的实习生，公司为其安排了为期一个月的轮岗，小赵需要通过轮岗掌握配送各作业环节的标准和流程，并且在熟悉配送中心作业流程的基础上，掌握作业过程中所使用的配送技术和相关设施设备的使用与维护知识。

任务要求：

按照配送作业各环节的特点选择相关的设施设备，制作配送技术及设备的选择与使用流程，并进行汇报。

知识准备

在完成配送作业的全过程中，基本上每个环节都离不开配送技术及设备的选择与使用。在具体作业过程中，根据配送作业发生的节点和作业区域环境，作业人员更多的是操作配送设备并使用装配技术、装卸技术完成规定作业。

一、配送中心配送技术及设备的选择与使用

（一）存储区设备的选择与使用

在配送中心的存储区域，选择合适的设备至关重要。这些设备不仅要能够提高存储效率，还要确保货物的安全和快速处理。在存储区作业准备阶段，作业人员可以根据订单对应的作业区域选择不同的设备，并使用设备完成相应作业。

1. 自动化立体仓库区

作业人员先在 WMS 系统中选择拣货汇总订单，再启动自动化立体仓库拣货作业：巷道式堆垛机根据系统指令依次将商品取下放入传送系统运至分拣道口，随后使用机器臂或手工拣选方式拣取指定数量的商品，剩余商品再次入库上架。拣选出来的商品通过

传送带或托盘作业的方式送至对应的集货点。

2. 货架存储区

在重型货架存储区，叉车司机使用RF，根据货架的高度选择不同举高的叉车完成下架作业，随后由仓管人员使用托盘等集装单元完成拣货作业，或者使用电动搬运车辆完成库内的移库和补货作业。

3. 平面堆存区

作业人员使用手动液压叉车并配合托盘完成库内作业，部分情况下可使用四轮小推车完成相关作业。

（二）拣选作业区设备选择与使用

在拣选作业准备阶段，作业人员可根据拣选订单对应的拣选区域，选择不同的设备并使用不同的拣选技术完成拣选作业。

1. 货架拣选区

流利式货架区拣货员可根据电子标签指引，将商品由货位拣出放入智能拣选车对应货格，完成拣选。阁楼式货架应使用物料配合滚轴式传送带完成拣选作业。

2. 平面仓拣选区

作业人员可根据拣选作业任务量选择和使用手动液压叉车，配合托盘、四轮小推车、拣选车等设备，通过库内巡游方式完成拣选作业。在这种模式下，拣选小车多使用灯光拣选辅助技术，即通过电子数字显示牌及各种指示灯来显示拣选信息。

3. 语音拣选区

该区域基于无纸化操作并使用语音拣选系统，拣货员根据耳机指引操作拣选车到达语音播报的拣选位，通过阅读识别码确认拣选品类，根据耳机的指引按数量拣取商品，并以语音报数进行确认。依此类推，完成拣货作业。

4. 智能化拣选区

使用机器人辅助拣选作业，可实现“货到人”的拣选目标。将拣选人员与拣选台车固定在指定位置，由机器人根据后台调度指令将货架运至拣选人员处，再根据拣选台车灯光提醒完成拣选工作。部分自动化拣选系统中，拣选人员站位固定，由传送系统将待拣选物料箱送至拣选位，拣选人员在条码和灯光辅助拣选系统的帮助下完成拣选，再继续拣选下一个商品。

5. 全自动拣选区

该拣选作业区由全自动集成设备组成，由拣选控制系统进行控制和调度，实现无人自动化拣选。该技术现已在京东和苏宁等企业推广应用。

（三）理货作业区设备选择与使用

根据不同作业环节要求，作业人员在准备阶段应根据作业对象的特性选择不同的设备来完成拣选作业。

想一想

生鲜商品与普通商品的包装要求有何不同？包装作业需要哪些特殊的设备？

1. 包装作业区

作业人员应根据订单要求和品类特点进行相应处理，例如对瓶装液体等进行手工封口，使用气柱袋对瓶装酒进行包装等，随后将商品置入包装箱并添加填充材料，最后封闭包装箱。对于整箱商品，可根据商品特性进行运输包装，如将整箱牛奶装入塑料包装袋等。根据客户要求，可使用传送带完成拆换包装、撤换包装、更换标志等工作。

2. 集货作业区

作业人员应使用电动搬运车或手动液压叉车等搬运设备，将集装单元或集装托盘等运至集货区，使用 RF 扫描确认。

3. 月台作业区

作业人员应使用升降平台辅助运输车辆停靠，通过内燃或电动叉车等搬运设备将集货区商品搬运至运输车辆，对部分堆码商品进行缠膜等稳垛作业。

（四）车辆配载技术应用

1. 人工配载技术

传统配载模式基于人工决策开展，作业人员可根据运输车辆的体积、承重限制、配送作业计划等，通过计算等定量方法或目测等定性方法完成配载作业。其中，定性方法更依赖作业人员的经验，在配载过程中要根据货物属性，在遵守配送企业配载原则的前提下尽可能提高装载率；而定量方法则基于配送对象的体积、质量等数据，以最大化利用车辆容积和承重为优化目标进行优化，能够对实际作业进行指导。由于其优化结果无法完全考虑商品属性等因素，同时对商品包装规格亦做了严格假设（实际商品体积与理论数据都存在一定的偏差），可能造成无法完全按照计算结果装载的情况。

想一想

智能配载系统与人工配载相比，有哪些优势和劣势？

2. 智能配载技术

在智能化配载作业模式下，配送企业可借助信息技术，通过配送系统内置的配载模型自动生成配载方案。同时，还要考虑到具体装车作业的差异性，需提前预留出一定的调整空间。作业人员在完成配载作业时，应使用 RF 手持终端并选择对应的配载方案，进而扫描包裹以完成配载装车确认。作业人员在作业过程中要严格遵守装车顺序，并且尽可能提高车辆容积的利用率。智能化配载是在大型配送企业配送作业量和配送线路的复杂程度不断增加的情况下，对人工处理数据的能力和精确度提出了更高的要求，而基于信息技术和数据建模的智能配载作业恰恰能够提高车辆装载率并降低配送成本。

（五）货物装卸技术应用

1. 装卸技术

（1）提高装卸搬运灵活性：在配送作业过程中，通过使用各种承载单元、移动传送设备（皮带传送带、滚轴式传送带）、拣货小车（台车）等，可提升装卸搬运灵活性，降低作业难度和体力劳动强度。

（2）使用设备以降低劳动强度：可使用各类叉车、电动搬运车辆、智能机器人等，以减少人力劳动，降低劳动强度。

（3）遵守劳动安全守则和装卸搬运作业标准：按照企业指定的劳动安全守则穿戴劳保用品进行作业，避免劳动伤害；按照企业作业标准完成作业，避免货损和暴力装卸。

2. 堆码作业

（1）托盘堆码：可参照《托盘单元货载》（GB/T 16470—2008）推荐的堆码方式，使用托盘进行集装作业，进而完成堆码作业。

（2）稳垛作业：为了保证货物在配送运输过程中完好无损，避免车辆到达各客户点卸货开厢时出现货物倾倒事故，必须进行稳垛作业。

二、分拨中心配送技术及设备的选择与使用

分拨中心一般使用自动化分拨设备，对到件拆包后，根据目的地进行二次集包。作业人员主要使用给定的设备来完成上述作业。货物装卸搬运技术和车辆配装技术与配送中心相关技术相同。

1. 到件卸货区

运输车辆抵达卸货区后，作业人员须检查车辆，拆开封箱条，将整包下货至分拣线，在分拣线上进行拆包工作，再将包裹单据面朝上。

2. 分拨作业区

包裹在传送带上经由条码扫描设备扫描，自动通过传送带到达对应分拣口。作业人员应使用集包容器将分拣口下线包裹集包、加封，再使用搬运设备搬运至发件区，等待装车送往配送站。

3. 发件区

运输车辆到达后，作业人员应使用搬运设备将整包包裹装车，再用 RF 更新数据，完成分拨转运工作。

三、配送站点设备选择与使用

配送站点多使用人工辅助传送设备来完成卸车、站内分拨作业，可采用车辆配载技术和省力设备装车、配送至客户。

（一）卸货与分拣设备选择与使用

1. 传统配送站点

运输车辆到达配送站点后，作业人员应使用 RF 和传送带辅助卸车，进行拆包二次分拣，将分拣后的包裹重新集包至配送箱等容器。

2. 智能化配送站点

运输车辆到达智能化配送站点后，作业人员应使用物流分拣线，按照配送地点对货物进行分发，随后站内装载人员按地址将包裹装入配送机器人，再由配送机器人配送至消费者手中。无人配送站点可以配合无人运输车辆使用，无人运输车送达配送站点的包裹由站点机器人按指令装载至配送机器人，完成无人化作业。

（二）“最后一千米”配送设备选择与使用

1. 传统“最后一千米”配送

配送人员将已经派工的包裹装载到配送车辆上，使用智能语音助手拨打收货人电话，预约送货时间。随后，驾驶车辆到达目的地并投放至智能快递柜、快递收发代理点（如

菜鸟驿站等）或直接投递上门，最终交付至客户并使用PDA完成签收确认。当需要上楼或包裹较重或较多时，配送人员可使用便携式小推车，折叠便携手拉车等搬运工具，再配合外骨骼机器装备减轻搬运作业的压力，从而提高搬运效率。

2. 智能化“最后一千米”配送

配送站点作业人员应将配送包裹按照系统指引装载至智能化配送终端，由智能化配送终端按照预设路径和预约时间完成配送作业。现有的智能化配送终端包括各类智能配送机器人、智能配送无人车、无人机等。由于路况、成本、管制等各种原因，智能配送机器人和无人车、无人机等尚未全面商用，对此技术运用得较好的代表性企业有京东、顺丰和美国的亚马逊公司等。

想一想

请上网查询并整理配送无人机、无人车等智能化设备的相关信息。

四、配送作业设施与设备

（一）配送作业设施

配送作业的主要设施包括配送中心、分拨中心和配送站点等。配送中心作为从事配送业务的物流场所或组织，应基本符合以下要求：为特定的用户服务；配送功能健全；具备完善的信息网络；辐射范围小；多品种、小批量；以配送为主，储存为辅。分拨中心是物流行业运作的经济活动组织，是集加工、理货、送货等多种功能于一体的物流节点。配送站点一般指物流或快递公司在各个末端配送区域设置的物流作业节点，是最底层的配送作业设施。

（二）配送作业设备

1. 流通加工设备

流通加工设备是指完成配送作业中流通加工任务的专用机械设备。流通加工设备通过对物流中的商品进行加工，改变或完善商品的原有形态，从而实现生产与消费的连接，并使商品在流通过程中实现价值增值。按加工形式划分，流通加工设备包括剪切加工设备、冷冻加工设备、分选加工设备、分装加工设备、组装加工设备等。常见的流通加工设备有剪板机、木工锯机、玻璃切割机、冷链设备等。

2. **冷链设备**

冷链设备是指将生鲜、易腐货物在低温冷藏条件下从产地、捕捞地送至零售卖场所采用的运输、储存设备的总和。运用冷链设备可以有效地控制货物在物流过程中的温度，减少货物变质等损耗，从而降低经营成本。常用的冷链设备有冷藏车、冷藏箱等。

3. **包装设备**

包装设备是指能完成全部或部分产品和商品包装过程的机械，是实现包装的主要手段。物流配送中心会根据不同的功能和处理的产品类型，采用不同的包装机械，常用的包装机械有容积式填充机、裹包机、封口机、贴标机、捆扎机等。

4. **配送车辆**

物流领域使用的运输设备主要是载货汽车，包括普通厢式货车和各类专用汽车，如冷藏保温货车、罐式货车、自卸货车等。

（1）配送车辆规模：配送中心要开展正常的经营活动，需要配备数量充足的配送车辆。

（2）配送车辆分类：按是否拥有所有权，可分为自有车辆和社会车辆，这两种车辆的使用成本构成不同。自有车辆的使用成本包括车辆折旧费、维修费、油费、通行费、税金、保险等；社会车辆的使用成本主要是外租费和管理费。

（3）常用载货汽车：物流配送领域常用的载货汽车主要包括普通货车、厢式货车和专用货车。

①普通货车。普通货车按载重可以分为微型货车、轻型货车、中型货车和重型货车四种。

②厢式货车。其车身为全封闭形式，货物置于车厢内可以免受风吹、日晒、雨淋，能防止货物散失、丢失，安全性好。

③专用货车。专用货车是指配置有专用设备，具有专用功能，用于运载有特殊运输要求货物的货车，如罐式车、水泥搅拌车、冷藏保温车等。这类货车的通用性较差，往往只能单程装运，运输成本较高。

（4）配送车辆的选择：车辆是运输配送企业的一项重要资源，在配送车辆的选择方面，首先要解决的问题是决定使用何种类型，何种载重吨位以及满足其他相关条件的车辆来实施配送作业。

①车辆类型的选择。通用车辆和专用车辆的选择：专用车辆主要用于运输特殊货物，或在有利于提高运输效率的情况下配置随车装卸机械，用于运输一般货物。在合适的条

件下，使用专用车辆可以获得一定的经济效益。

②车身选择。普通载货汽车的车身主要有平板、低栏、高栏和厢式四种。

③车辆吨位和容积的选择。根据所运货物的质量和体积确定车辆吨位和容积。在进行大批量货物运输时，采用最高载重车辆是合理的；而当货物批量有限时，车辆的吨位和容积必须与货物的质量和体积相适应。

④考虑车况。在同等情况下，要检查车辆的车况，优先选择车况好的车辆。

5. 其他设备

手推车是一种以人力驱动为主，不带动力在路面上水平运输货物的小型搬运车辆，其搬运作业距离一般不大于 25 米，承载能力在 500 千克以下。其特点是轻巧灵活、易操作、转弯半径小，适用于短距离、输送量小、质量较轻的货物搬运。常见的手推车有二轮手推车、多轮手推车和物流笼车。

五、配送设备使用与维护

配送设备只有在使用中才能发挥其作为生产力要素的作用，而设备使用是否合理又直接影响着设备的使用寿命、精度和性能。

合理使用物流设备包括技术合理与经济合理两个方面。技术合理即按照有关技术文件规定的物流设备性能、使用说明书、操作规程、安全规则、维护和保养规定等使用要求，正确操作使用物流设备；经济合理是在物流设备性能允许的范围内，能充分发挥物流设备的效能，以实现高效、低耗并获得较高的经济效益。

1. 合理使用设备的方式

（1）严格按照规程操作设备：设备操作规程规定了物流设备的正确使用方法和注意事项，对异常情况应采取行动并执行报告制度。

（2）实施使用设备的各级技术经济责任制：操作者应按规程操作。按规定进行交接班和维护保养，不允许违背操作规程。

（3）对重要设备应制订和执行定人定机、教育培训、操作考试和持证上岗、交接班等制度，并严肃处理发生的设备事故。

（4）实行设备维护奖惩办法，将操作人员的积极性和物质奖励相结合。

2. 维护与保养的基本内容

物流设备的维护与保养是指通过一系列方法对物流设备进行护理，以维持和保护其性能和技术状况。在配送作业的拣选、集货、装车、分拨与站点配送过程中，要正确使用各种设备、工具和安全防护用具，保证货品和人员的安全；在使用后应注意将设备清洁到位，保证设备的安全保护装置齐全，不漏水、不漏电、不漏气、不漏油，并进行日常保养操作。对于电动和智能化设备，要及时进行充电和日常养护，定期进行安全性能检测。

虽然不同的物流设备在结构、性能和使用方法上各不相同，但其维护的基本内容是一致的，即清洁、安全、润滑和防腐。

3. 三级保养制度

三级保养制度为日常保养、一级保养和二级保养。

（1）日常保养：日常保养是全部养护工作的基础，其特点是经常化与制度化。日常保养一般由操作工人负责进行，具体内容包括严格按照操作规程，在班前、班后和设备运行中检查设备润滑状况，定时、定点完成设备加油工作；紧固易松动的零部件；检查设备是否存在漏油、漏水、漏电、漏气等情况；检查各防护，保险装置及操纵、变速机构是否灵敏可靠，零部件是否完整。

（2）一级保养：一级保养是为了减少设备磨损、消除隐患、延长设备使用寿命，使设备处于正常技术状态而进行的定期维护。一级保养是以操作人员为主、维修人员为辅完成的，一般在每月或设备运转500~700小时后进行。

（3）二级保养：二级保养是为了使设备达到完好标准、提高和巩固设备完好率、延长大修期而进行的定期保养。二级保养是以维修人员为主、操作人员为辅完成的，一般一年进行一次或设备累计运转2500小时后进行。

任务实施

1. 完成组员分工。

成员	负责的工作内容	完成度

2. 收集制作 PPT 所需要的信息，并列出提纲。

主题	
第一部分	
第二部分	
第三部分	

3. 制作配送技术及设备的选择与使用流程图，制作 PPT 并分析本案例中各个环节使用到的技术及设备。

任务评价

根据课程相关评分要求，本任务的评分标准如下：

序号	考核内容	分值	得分
1	PPT 的内容体现了任务要求（基本流程、配送技术及设备）	65	
2	PPT 的结构合理，逻辑顺畅	15	
3	PPT 整体界面美观，布局合理，层次分明，视觉效果好	10	
4	汇报表达清晰，声音洪亮，富有表现力	10	
合计		100	

作业与练习

一、单项选择题

1. 在物流中心，用于自动化搬运货物的设备通常不包括下列哪项？（　　）

A. 输送带　　B. 堆垛机　　C. 分拣机器人　　D. 办公桌

2. 下列哪种技术能够提升仓库拣选的准确性和速度？（　　）

A. 语音识别系统　　B. 手动扫描仪

C. 无线射频识别（RFID）　　D. 纸质记录本

3. 在存储区作业准备阶段，作业人员会在哪里进行拣货作业？（　　）

A. 传送带　　B. 货架区　　C. 月台作业区　　D. 卸货区

4. 在现代仓库管理中，哪种技术可用于实时库存跟踪？（　　）

A. 手工点数　　B. 条形码系统

C. 实时定位系统（RTLS）　　D. 纸质订单

5. 配送作业中，在城市配送的“最后一千米”通常不包含以下哪个环节？（　　）

A. 货物到达城市配送中心　　B. 货物从配送中心到零售店

C. 货物从配送车辆到最终客户　　D. 货物在零售商店内的摆放

二、多项选择题

1. 在现代仓库中，哪些设备用于提高货物存取效率？（　　）

A. 机械臂　　B. 手动液压叉车

C. 语音拣选系统　　D. 流利式货架

2. 下列哪些技术可以用于改进物流跟踪和库存管理？（　　）

A. 条形码扫描系统　　B. GPS 追踪装置

C. 电子数据交换（EDI）　　D. 纸质记录和手工点数

3. 环保型配送设备包括以下哪些选项？（　　）

A. 燃油驱动的叉车　　B. 太阳能供电的仓储照明系统

C. 电动运输车辆　　D. 智能快递柜

4. 配送中心的理货作业区人员可能会从事的作业有？（　　）

A. 封闭包装箱　　B. 拆换包装

C. 更换标志　　D. 运输包装

5. 有哪些车辆配载技术有助于提升配送中心的作业效率？（　　）

A. 自动分拣系统　　B. 人工配载技术

C. 智能配载技术　　D. 堆码技术

三、简答题

1. 描述配送中心常用的配送作业设备。

2. 阐述配送设备维护与保养的基本内容。

3. 描述新技术在“最后一千米”配送领域的潜力及其可能的应用。

06 项目六

运输作业

任务一 运输方式

学习目标

知识目标

概述货物运输的五种方式及其特征。

归纳合理选择运输方式的基本原则。

技能目标

能够根据货物特征及运输要求合理选择运输方式。

素养目标

养成职业安全意识。

任务描述

你作为A超市的采购员，为超市采购部分商品。目前有三种商品需要进货：芒果，拟从2000千米外的产地进货；鲜鸡蛋，拟从附近的农贸市场进货；保温杯，拟从1350千米外的商城进货；你会为这三种商品选择何种运输方式？在选择运输方式时，应考虑哪些因素？请结合货物运输主要方式的相关知识完成这个任务。

任务要求：

（1）搜集货物运输的主要方式及其特征。

（2）搜集选择运输方式需要考虑的因素有哪些。

知识准备

一、运输的概念及主要形式

运输是指利用特定的设备和工具，将物品从一个地点向另一个地点运送的物流活动。它是在不同地域范围内，以改变物的空间位置为目的对物进行的空间位移。通过这种位移创造商品的空间效益，实现其使用价值，满足社会的不同需求。运输是物流的中心环节之一，也是现代物流活动最重要的功能之一。

货物运输主要有公路运输、铁路运输、航空运输、水路运输和管道运输等五种形式。

二、货物运输方式

1. 公路运输

广义的公路运输是指利用一定的载运工具（人力车、畜力车、拖拉机、汽车等）沿公路（一般土路、有路面铺装的道路、高速公路）实现旅客或货物空间位移的过程。狭义的公路运输即指汽车运输。

公路运输的特点：

（1）机动灵活，适应性强。

（2）可实现“门到门”直达运输。

（3）在中、短途运输中，运送速度较快。

（4）原始投资少，资金周转快。

（5）掌握车辆驾驶技术较易。

（6）运量较小，运输成本较高。

（7）运行持续性较差。

（8）安全性较低，污染环境较大。

2. 铁路运输

铁路运输是使用铁路列车运送货物的一种运输方式，主要承担长距离、大宗货物运输。

铁路运输的优点：

（1）运行速度快。

（2）运载能力大。

（3）采用轨道运输，安全性较高，受自然环境影响小，连续性强，能保证全年运行。

（4）铁路运输一般都是长距离、大运量运输。

（5）可以采用电力牵引，污染性较低，节能环保。

铁路运输的缺点：

（1）基础设施建设投资比较大，建设周期较长。

（2）始发和终到费用约占运输成本的18%，所以近距离运输费用较高。

（3）不适宜紧急运输。

3. 航空运输

航空运输是使用飞机、直升机及其他航空器运送人员、货物、邮件的一种运输方式。具有快速、机动的特点，是现代旅客运输，尤其是远程旅客运输的重要方式，许多贵重物品、鲜活货物和精密仪器运输常采用航空运输。

航空运输的优点：

（1）运送速度快。

（2）破损率低、安全性好。

（3）空间跨度大。

（4）不受地面条件影响，可深入内陆地区。

（5）节约保险、利息等费用。

航空运输的缺点：

（1）航空运输费用高，不适合低价值货物的运输。

（2）载重量小、运输成本较高，目前尚不能完成大量普通货物的运输。

（3）噪声污染严重。

（4）飞机的舱容有限，对大件货物或者大批量货物有一定限制。

（5）恶劣天气会影响飞行安全。

4. 水路运输

水路运输是指利用船舶在水道及海洋上运送旅客和货物的方式。水路运输适合远距离、大批量、时间上要求不高的货物运输。水路运输包括内河运输、沿海运输和远洋运输。

内河运输：使用中小型船舶在内陆的江、河、湖、川等水道进行运输。

沿海运输：使用中小型船舶通过大陆附近沿海航道运送货物。

远洋运输：跨越大洋的长途运输，主要依靠运量大的大型船舶。

水路运输的优点：

（1）运载量大。

（2）运输成本低。

（3）水路运输通用性能好，可以运送各种货物，尤其是大件货物。

（4）在运输条件良好的航道，通过能力几乎不受限制。

水路运输的缺点：

（1）运送速度慢，在途时间长，会增加货主的流动资金占有量。

（2）受自然条件影响较大，内河航道和某些港口受季节影响较大，冬季结冰，枯水期水位变低，难以保证全年通航。

5. 管道运输

管道运输是利用管道输送气态或液态商品的一种运输方式。管道运输系统由大型钢管、泵站和加压设备等组成。大部分的石油、天然气都是通过管道运输的。管道运输和其他运输方式的重要区别在于，管道设施是静止不动的。管道运输的主要优点是运输量大、成本低，受环境因素影响少，安全可靠，无污染。但专业性强运输适用性受到一定的限制。

管道运输是大宗流体货物运输最有效的方式。固定的管道本身就是运货的载体，由泵或压缩机将能量直接作用在输送介质上。按管道的铺设方式可将管道分为埋地管道、架空管道、水下管道等；按输送介质可以分为原油管道、成品油管道、天然气管道、油气混输管道、固体物料浆体管道等；在石化行业，按其在油气生产中的作用又可分为矿场集输管道，原油、成品油和天然气的长距离输送干线管道，天然气或成品油的分配管道等。

管道运输的特点：

（1）运量大，建设投资相对较小，占地面积少，较少受地理条件限制。

（2）由于管道埋于地下，基本不受气候影响，可以长期稳定运行。

（3）管道输送流体能源，其设备运行比较简单，易于就地自动化和进行集中遥控，目前先进的管道增压站已完全做到无人值守。

（4）管道运输是五种运输方式中环保程度最高的清洁运输方式，沿线不产生噪声，由于节能和高度自动化，用人较少，使运输费用大幅降低，而且漏失污染很少。

管道运输的局限性：

（1）无法灵活运送，对货物的要求很高，运输对象单一，不具有通用性。

（2）一旦油田产量递减或资源枯竭，则该段原油管道即报废。如自管道投产之日起，管内即充满所输的物质，直到停止运行之日止，有一部分物质会长期积存在管道中，使运输成本上升。

五种运输方式特征对比如下：

运输方式	运输价格	运输速度	运输能力	适用范围
公路运输	较高	较快	较少	短途，量少
铁路运输	较低	较快	较多	远程，量大
航空运输	最高	最快	最少	贵重，急需，量少
水路运输	最低	最慢	最多	大宗，远程，不急需
管道运输	连续性强，安全性高			液态或气态商品

三、运输方式的选择

合理选择运输方式是提高运输质量和效益的重要保证。各种运输方式都有各自的特点，不同特性的货物对运输的要求也不完全相同，货物运输还受地理位置、交通运输条件等多种因素制约。通常可以将如下几个方面作为合理选择运输方式的基本原则。

1. 安全性

选择货物运输方式，保证运输安全是考虑的首要原则，包括人身安全、设备安全和被运送的货物安全。货物运输中的安全，一是要注意运输、装卸过程中的震动和冲击等外力的作用，防止货物的破损；二是要防止货物由物理、化学或生物学变化等自然原因所引起的货物减量和货物变质。为了保证运输安全，首先应了解被运货物的品种、性质、形状、特性、质量、体积、贵重程度、内部结构以及其他物理化学性质（易碎、易燃、危险性等），同时选择适合这些货物特性的安全可靠的运输方式。

2. 及时性

要做到运输的及时性，首先要考虑运输期限与交货日期，应根据被运货物的急需程度选择合适的运输方式。同时，调查各种运输工具所需要的运输时间，根据运输时间来选择运输工具。运输时间的快慢顺序一般情况下依次为航空运输、公路运输、铁路运输、水路运输。按照各运输工具的速度来安排日程，加上两端及中转的作业时间，就可以算出采用该运输方式所需的运输时间。

3. 准确性

货物运输的准确性是指在运输过程中准时准点到货、无差错事故。货物品种繁多，规格不一，运输中往往经过多个环节，稍有疏忽，就容易发生差错。货物运输应做到不错发、不漏交，准确无误地完成任务。

4. 经济性

货物运输的经济性就是以最经济合理的方法运输货物，降低运输成本。降低运输成本的主要方法是开展合理运输，即选择最经济合理的运输线路和运输方式，尽可能减少运输环节，缩短运输里程，此外，还应提高运输设备和运输工具的利用率，加强对运输设备和运输工具的保养，提高运输效率，从而取得更大的经济效益。

5. 适用性

商品运输的适用性，通常从以下两个方面来考虑：

（1）运输距离。考虑运输距离因素时，一般情况下可以依照以下原则：300 千米以内，用汽车运输；300~500 千米，用铁路运输；500 千米以上，用水路运输。

（2）运输批量。考虑运输批量因素时，一般情况下可以依据以下原则：20 吨以下的商品用汽车运输；20 吨以上的商品用铁路运输；数百吨以上的商品，应选择水路运输。

想一想

向地震灾区紧急运送救灾物资应选择哪种运输方式？从上海运送大型成套机电设备到美国纽约应选择哪种运输方式？为什么？

任务实施

1. 通过上网查询，结合所学知识选择恰当的运输方式，并说明选择的原因。

需进货的货物	运输方式	选择原因
芒果		
鲜鸡蛋		
保温杯		

2. 讨论

（1）以上三种货物分别有什么特性？

（2）根据这些商品的特性，运输时需要注意哪些问题？

任务评价

根据课程相关评分要求，本任务的评分标准如下：

运输方式选择评分表

序号	考核内容	分值	得分
1	货物运输方式选择正确	30	
2	运输方式选择原因的描述正确	30	

讨论评分表

序号	考核内容	分值	得分
1	上网查询，阐明每种货物的特性	20	
2	上网查询，阐明不同货物运输时要注意的问题	20	

作业与练习

一、判断题

1. 公路运输可以实现门到门运输。（ ）

2. 铁路运输是运输速度最慢的。（ ）

3. 贵重的零部件、高档商品和急需的货物可以选择航空运输。（ ）

4. 水路运输在国际贸易中扮演着重要角色。（ ）

5. 管道运输的设施设备是静止不动的。（ ）

6. 要做到运输的准确性，首先要考虑运输期限与交货日期，应根据被运商品的急需程度选择合适的运输方式。（ ）

二、单项选择题

1. 下列适宜小批量、短途货物运输方式的是（ ）。

A. 公路运输　B. 铁路运输　C. 水路运输　D. 航空运输

2. 运输速度最快的运输方式是（ ）。

A. 公路运输　B. 铁路运输　C. 水路运输　D. 航空运输

3. 易碎、易燃、危险性类商品运输要特别注意的运输原则是（　）。

A. 运输的及时性　B. 运输的安全性　C. 运输的经济性　D. 运输的适用性

4. 管道运输主要输送气态和（　）商品的运输方式。

A. 固态　B. 气态　C. 液态　D. 任何形态

三、简答题

1. 简述有几种运输方式？分别有什么优缺点？

2. 选择运输方式时要考虑的基本原则有哪些？

四、案例分析题

A公司商品运输方式的选择

A公司有一批冬季新款服装（羽绒服、裤子等）需由武汉工厂发往辽宁沈阳。每20件羽绒服外套打包为一箱，每30条裤子打包为一箱，这批商品总重量为28吨，体积为128立方米。A公司的客户要求在尽可能短的时间内运达沈阳中转仓库，然后再配送至各大专卖店。

A公司对这批商品的运输方式进行了如下分析：由于水路运输时间过长，故不考虑；航空运输的运价过高，也不在考虑范围之内；公路运输比较方便，并且快捷灵活，在考虑范围之内；铁路运输速度较快且持续性较强，有直达线路，也在考虑范围之内。

接着A公司对公路和铁路两种运输方式的运输时间和运输成本进行了计算。若采用公路运输，考虑到从武汉到沈阳的距离、车速以及堵车、天气变化等耗用时间，运输所用时间约为2天。若采用铁路运输，23小时左右即可到达，但考虑到装卸搬运时间，再加上从车站送到客户指定仓库所需的公路运输时间，大概需要3天。A公司最终选择了公路运输。

思考：

1. 案例中提及的商品运输方式有哪些？

2. A公司选择运输方式时考虑的因素有哪些？

任务二 运输设施设备

学习目标

知识目标

概述四种运输方式的设施设备。

技能目标

能够识别不同的运输设施设备。

素养目标

养成良好的职业素养。

任务描述

2020年新冠疫情肆虐全球，各行各业受到严重冲击。请分组查询网络，收集公路运输、铁路运输、水路运输和航空运输四种运输方式在疫情期间的亮眼表现或感人故事。不同的运输方式，使用的运输工具也不同，请通过查询，识别下面表格中的运输工具。

任务要求：

（1）查询网络，收集信息，各组分享成果。

（2）通过学习，将运输工具的正确答案填在表格中。

知识准备

一、公路运输设施设备

公路运输设施设备主要由公路、货运场站和车辆三部分组成。

1. 公路

公路根据使用任务、功能和适应的交通量分为高速公路、一级公路、二级公路、三级公路、四级公路五个等级。

高速公路：专供汽车分道高速行驶的全封闭、全立交的公路，有四个以上的行车道。

一级公路：连接高速公路与大城市的接合部、开发区及专区的干线公路，要求与高速公路基本相同，部分控制出入口。

二级公路：连接政治、经济中心或大型专区的公路，有两个以上的行车道。

三级公路：连接县、乡镇的集散公路。

四级公路：连接乡、镇、村等的地方公路。

2. 货运场站

货运场站的功能主要是对汽车运输活动进行组织管理和为运输车辆提供后勤供应、技术保障。货运场站的主要功能是货物和货运车辆的集散地，可以办理运输手续，对运输进行指挥调度，为车辆提供后勤和技术服务等。

货运场站有三类，分别是整车货运站、零担货运站和集装箱货运站。

（1）整车货运站：指从事货运商务作业（托运、承运、结算等）的场所，主要经办大批量货物的运输。

（2）零担货运站：专门经营零担货物运输的汽车站。

注：零担货物：一次托运计费重量不到 3 吨，单件不超过 200 千克，体积不超过 1.5 立方米。

（3）集装箱货运站：主要承担集装箱中转运输任务的货运站。

3. 车辆

（1）按用途和使用分类。

普通货运汽车：具有栏板式车厢，用于运载普通货物的汽车。

专用货运汽车：装置有专用设备、具备专用功能、承担专门运输任务的汽车，如汽车列车、冷藏保温车、罐式车、自卸车等。

（2）按最大总质量分类。

微型货车：最大总质量不超过 1.8 吨。

轻型货车：最大总质量为 1.8~6 吨。

中型货车：最大总质量为 6~14 吨。

重型货车：最大总质量在 14 吨以上。

（3）车辆的选择。

选配车辆的基本原则：技术上先进、经济上合理、生产上适用、维修上方便。

货运车辆类型选择的主要依据：货物的特性、包装的类型和形状。

普通栏板式货车：具有整车重心低、载重量适中的特点。适合装运百货和杂货。

厢式车：具备全封闭的厢式车身，以及便于装卸作业的车门。使货物免受风吹、日晒、雨淋，能防止货物散失、丢失，安全性好，能实现“门到门”的运输。

自卸车：可自动后翻或侧翻卸货，动力大，通过能力较强。主要用于矿山和建筑工地上。

罐式车：罐式车装有罐状容器，密封性强。一般用于运送易挥发、易燃、危险品和粉状物料等。

汽车列车：一辆汽车与一辆及以上挂车的组合。其优点为：快速、机动灵活、安全。应用于区段运输、甩挂运输、滚装运输。

冷藏保温车：装有制冷和保温设备的车辆。用于运输对温度、湿度有特殊要求的货物的运输。

集装箱运输车：运输集装箱的专用汽车。

厢式车

罐式车

冷藏保温车

集装箱运输车

二、铁路运输设施设备

铁路运输设施设备主要由线路、机车车辆、信号设备和车站四部分组成。

1. 线路

线路是列车运行的基础，承受列车重量并且引导列车的行走方向。线路由路基、桥隧建筑物和轨道三部分组成。铁路轨距可分为宽轨、标准轨和窄轨三种，标准轨距为1435毫米，大于1435毫米的称为宽轨，小于1435毫米的称为窄轨。

2. 机车车辆

机车车辆包括机车和车辆两部分。

（1）机车。

铁路机车是铁路运输的基本动力装置。机车的种类包括蒸汽机车、内燃机车和电力机车。

蒸汽机车：以利用燃煤为动力驱动机车运行。

内燃机车：以内燃机（柴油机）为动力驱动机车运行。其启动加速快，单位功率高，运载量大，节省燃料。

电力机车：由电动机驱动车轮。电力机车功率大，因而能高速行驶，可以牵引较重的列车，启动、加速快，爬坡性能好，环境污染小。缺点是电气化线路投资成本较高。

（2）车辆。

铁路车辆是运输旅客和货物的工具。货运车辆的种类包括篷车、敞车、平车、罐车、保温车、特种车等。

①敞车：主要用于运送煤炭、矿石、矿建物资、木材、钢材等大宗货物。约占货车总数的60%以上。

②棚车：是封闭式车型。主要用于运送怕日晒、雨淋、雪侵的货物。

③罐车：用来装运各种液体、液化气体和粉末状货物等。

④平车：无车顶和车厢挡板，装卸方便。主要用于装运原木、钢材、建筑材料等长型货物和集装箱、机械设备；必要时，可以装运超宽、超长的货物。

⑤毒品车：是可装运农药等有毒物品的铁路车辆。

⑥保温车：用于运送易腐货物。

⑦漏斗车：货物由上面装入，卸货时开启漏斗底门，货物靠自身重力自动卸出。主要用来装运矿石、水泥、煤炭等散粒货物。

敞车

棚车

罐车

平车

3. 信号设备

信号设备的作用是保证列车运行安全并提高铁路的通过能力，它包括铁路信号、联锁设备和闭塞设备。

4. 车站

车站是铁路办理客货运输的基地，也是铁路系统的基层生产单位。车站按技术作业的不同，可以分为编组站、区段站、中间站；按业务性质的不同，又可分为货运站、客运站、客货运站。

三、水路运输设施设备

水路运输设施设备主要由港口、船舶和航道航线三部分组成。

1. 港口

港口是供船舶停靠、集散客货、为船舶提供各种服务、具有综合功能的场所。港口主要有运输功能、服务功能、工业功能和商业功能。

（1）按港口的用途划分：分为商港、工业港、渔港、军港和避风港。

（2）按港口的地理条件划分：分为海港、河港、河口港和湖港。

①海港位于海岸线如青岛港、大连港等。

②河港位于河流沿岸如南京港、武汉港等。

③河口港位于河流入海口，如鹿特丹港、上海港等。

④湖港位于湖泊沿岸。如中国石狮市的石湖港等

（3）按港口的规模划分，可以分为特大型港口、大型港口和中型港口。

①特大型港口（年吞吐量 >3000 万吨）

②大型港口（年吞吐量 1000~3000 万吨）

③中型港口（年吞吐量 100~1000 万吨）

（4）按地位划分：国际性港口、国家性港口和地区性港口。

2. 船舶

船和驳是现代水路运输工具的核心。

按运载货物的性质不同，可将货船分为：杂货船、干散货船、集装箱船、滚装船等。

（1）杂货船：杂货船以装运零星杂货为主，主要用于装载一般包装、袋装、箱装和桶装的杂货物。

（2）干散货船又称散货船，是用以装载无包装的大宗货物的船舶。其具有运货量大，运价低等特点。用于粮食、煤、矿砂等大宗散货的干散货船通常可分为：

①好望角型船，总载重量数据仓库约为 15 万吨级。

②巴拿马型，总载重量数据仓库为 6 万吨级。

③轻便型散货船，其中超过 4 万吨的船舶又被称为大灵便型散货船。

④小型散货船，总载重量数据仓库为 2 万吨级~2.7 万吨级。

（3）集装箱船又称货柜船，专门用于载运集装箱。

（4）滚装船又称滚上滚下船。该船无须装卸设备，装卸货物时，汽车或者拖车可直接开进或开出船舱。滚装船的出入口通常设于尾部，设有铰接跳板与岸搭接，用于滚装货上下船。滚装船的优点是不依赖码头上的装卸设备，装卸效率高，船舶周转快和水陆直达联运方便。缺点是造价高，货舱利用率低，重心高，稳性较差横格舱壁少，从而影响抗沉性。

（5）冷藏船用于冷藏并运输鱼、肉、果、蔬等货物。

（6）木材船专门用以装载木材或原木。

（7）原油船专门用于载运原油，简称油船。超大型油船的吃水可达 25 米，往往无法靠岸装卸，必须借助水底管道装卸原油。

（8）液化气船用于运输液化石油气、液化天然气、氨水、乙烯和液氨等。

（9）液体化学品船专门用于运载各种散装液体化学品，对防火、防爆、防毒、防腐蚀、防渗漏等有很高的要求。

（10）载驳船用于载运货驳，又称子母船。载驳船的特点是无须码头和堆场，装卸效率高，便于海 – 河联运。

（11）驳船没有动力推进装置，主要用于客货运输。

3. 航道航线

航道是能供船舶安全航行的通道。航线是指船舶在两个或多个港口之间从事客货运输的路线。

猜一猜

下面都是什么船？

四、航空运输设施设备

航空运输技术与装备由航空港、航空线网和飞机三部分组成。

1. 航空港

航空港即机场，由飞行区、运输服务区和机务维修区三部分组成。

2. 航空线网

航空线网由航线、航路组成。航线是飞机飞行的路线，民航从事运输飞行必须按照规定的线路进行；航路是根据地面导航系统建立的走廊式保护空域，供飞机作航线飞行之用，是有多条航线共用的空中通道。

3. 飞机

飞机是航空运输的最主要机械设备。

（1）按飞机的用途划分，可分为民用航空飞机和国家航空飞机。国家航空飞机是指军队、警察和海关等使用的飞机，民用航空飞机主要是指民用飞机和直升机。

（2）按飞机的运输对象划分，可以分为客机、货机和客货两用机。客货两用飞机的下层舱为货舱，货机在定期航线上专门运输货物。

（3）按飞机发动机的类型划分，可分为螺旋桨式飞机和喷气式飞机。

（4）按飞机的发动机数量划分，可分为单发（动机）飞机、双发（动机）飞机、三发（动机）飞机、四发（动机）飞机。

（5）按飞机的航程远近划分，有近程、中程、远程飞机之分。远程飞机的航程为11000千米左右，可以完成中途不着陆的洲际跨洋飞行；中程飞机的航程为3000千米左右；近程飞机的航程一般小于1000千米。

（6）按飞机的客座数量划分，可以划分为大、中、小型飞机。客座数量在100座以下的为小型飞机，100~200座为中型飞机，200座以上为大型飞机。

任务实施

1. 请各组分享所收集的四种运输在疫情期间的亮眼表现或感人故事。

2. 请将正确答案填在表格里。

任务评价

根据课程相关评分要求，本任务的评分标准如下：

四种运输在疫情期间的亮眼表现或感人故事评分表

序号	考核内容	分值	得分
1	有数据或者事迹能体现出运输在疫情期间的亮眼表现或感人故事	40	
2	演讲者对内容熟练，演讲声音响亮，大方展示	10	
3	PPT 美观，内容没有错误	10	

运输工具填写评分表

序号	考核内容	分值	得分
1	每空 10 分，回答正确得分，满分 40	40	

一、单项选择题

1. 我国公路分为（　　）个等级。

A. 6　　B. 3　　C. 5　　D. 4

2. 最大总质量为 6~14 吨的车为（　　）。

A. 重型货车　　B. 中型货车　　C. 轻型货车　　D. 微型货车

3. 铁路用于运送怕日晒、雨淋、雪侵的货物的车辆是（　　）。

A. 平车　　B. 敞车　　C. 罐车　　D. 棚车

4.（　　）指专用于载运如粮食、煤、矿砂等货物的船舶。

A. 杂货船　　B. 散货船　　C. 集装箱船　　D. 滚装船

5.（　　）是军队、警察和海关等使用的飞机。

A. 国家航空飞机　　B. 民用航空飞机　　C. 客机　　D. 货机

二、判断题

1. 四级公路为连接县、乡镇的集散公路。(　　)

2. 铁路标准轨距为 1435 毫米。(　　)

3. 港口是供船舶停靠、集散客货、为船舶提供各种服务、具有综合功能的场所。(　　)

4. 按飞机发动机的类型划分，可分为螺旋桨式飞机和喷气式飞机。(　　)

5. 武汉港是海港。(　　)

三、简答题

1. 公路运输车辆按质量可以划分为哪些类型？

2. 铁路机车的类型有哪些？

3. 水路的运输设施设备都有哪些？

07 项目七

智慧物流

任务一　认识智慧物流

学习目标

知识目标

阐述智慧物流的基本概念。

概述智慧物流的主要技术。

简述智慧物流的现状和发展趋势。

技能目标

识别智慧物流使用的技术。

素养目标

培养对新技术的敏感性和适应性。

增强对智慧物流前景的信心。

任务描述

松山湖的自动物流中心，是华为全球物流供应网络中的典型代表，也是华为供应、物流体系从被动响应走向主动感知，向敏捷供应、智慧物流转型的结晶之一。在松山湖自动物流中心建成之后，华为启动了智慧物流与数字化仓储项目，旨在通过构建实时可视、安全高效、按需交付的物流服务能力，主动支撑交付保障，提升客户体验，改善物流运营效率。该中心采用了射频（RF）、电子标签拣货系统（PTL）、“货到人”拣选系统（GTP）、旋转式传送带（Carousel）等多种先进技术。这个物流中心不仅集成了物料接收、存储、挑选、齐套、配送等功能，而且还通过物联网、大数据等技术实现了物流服务的实时可视化，提升了客户体验，并显著提高了物流运营效率。截至目前，项目已经初步实现了物流全过程可视，打造了收发预约、装车模拟、RFID 数字化应用等系列产品，取得了上千万元的收益。

任务要求：

（1）请分析智慧物流的发展对传统企业产生了哪些影响。

（2）请分析现代企业智慧物流的特点有哪些。

（3）制作 PPT 将分析结果和同学们分享。

知识准备

一、智慧物流的定义及特点

1. 智慧物流的提出

智慧物流（Intelligent Logistics System，ILS）的概念于 2009 年由 IBM 首次提出，其建立了一个面向未来的具有先进、互联和智能三大特征的供应链，通过感应器、RFID 标签、GPS 和其他设备及系统生成实时信息的“智慧供应链”概念，紧接着，智慧物流的概念由此延伸而出。

智慧物流的出现是为了应对物流业务复杂度和数量不断增长的挑战，它借助技术手段使得物流行业的运作更加高效。例如，物联网技术可以实现实时追踪货物流动，大数据分析可以帮助预测和管理库存，而人工智能则可以优化路线规划和货物分配等。这些技术的应用不仅提高了物流效率，还改变了物流行业的管理和经营模式。

2. 智慧物流的定义

智慧物流在全球没有严格的统一定义。我国物联网校企联盟认为，智慧物流是利用集成智能化技术，使物流系统能模仿人的智能，具有思维、感知、学习、推理判断和自行解决物流中某些问题的能力。即在流通过程中获取信息，进而分析信息做出决策，使商品从源头开始就被实施跟踪与管理，实现信息流快于实物流。即可通过 RFID、传感器、移动通信技术等，让配送货物自动化、信息化和网络化。2019 年出版的《物流管理职业技能等级认证（职业基础）》将智慧物流定义为：智慧物流是以条码、射频识别技术、传感器、全球定位系统等先进的物联网技术为基础，通过信息处理和网络通信技术平台广泛应用于物流业运输、仓储、配送、包装、装卸等基本活动环节，实现货物运输过程的自动化运作和高效率优化管理，提高物流行业的服务水平，降低成本，减少自然资源和社会资源的消耗。

想一想

什么叫作“物流天眼”？请举例说明它有哪些应用。

无论何种表达方式的定义，“智慧物流”都体现了将物联网、传感网与现有的互联网整合起来，通过精细、动态、科学的管理，实现物流的自动化、可视化、可控化、智能化、网络化，从而提高资源利用率和生产力水平，创造社会价值更丰富的综合内涵。

3. 智慧物流的特点

（1）互联互通，数据驱动。

所有物流要素实现互联互通，一切业务数字化，实现物流系统全过程透明可追溯；一切数据业务化，以“数据”驱动决策与执行，为物流生态系统赋能。一方面，智慧物流的发展以云计算、物联网、传感器、互联网等技术的发展为前提，并且依赖于相关领域技术的发展和水平提升；另一方面，智慧物流需要管理方法和手段的创新，精细管理是“智慧物流”的管理核心，需要用“智慧”来武装物流管理。

（2）深度协同，高效执行。

跨集团、跨企业、跨组织之间深度协同，基于物流系统全局优化的智能算法，调度整个物流系统中各参与方高效分工协作。其他物流形式也提及“系统”概念，但这是一种狭义的“系统”，仅考虑物流系统中的物品等核心要素，未考虑人员、设备、基础设施等支持要素。智慧物流将实现物流系统中的物品、人员、机器、设备和基础设施的协同，强调的是广义的“系统”。

（3）自主决策，学习提升。

软件定义物流实现自主决策，推动物流系统程控化和自动化发展；通过大数据、云计算与人工智能构建物流大脑，在感知中决策，在执行中学习，在学习中优化，在物流实际运作中不断升级，学习提升。不断学习体现了智慧物流的动态性，即物流系统所处环境是动态的，其构成要素也是动态的。其他物流形式都是基于静态或周期性动态变化假设，无法实现实时动态决策。而“智慧物流”与其他物流形式相比，一个显著的特点就是它没有不变的模式。

二、智慧物流的主要技术

1. 自动识别技术

自动识别技术是以计算机、光、机、电、通信等技术的发展为基础的一种高度自动化的数据采集技术。它通过应用一定的识别装置，自动获取被识别物体的相关信息，并提供给后台的处理系统来完成相关后续处理。它能够帮助人们快速且准确地进行海量数据的自动采集和输入，在运输、仓储、配送等方面已得到广泛的应用。经过近 30 年的发展，自动识别技术已经发展成为由条码识别技术、智能卡识别技术、光字符识别技术、无线射频识别技术、生物识别技术等组成的综合技术，并正在向集成应用的方向发展。

条码识别技术是目前使用最广泛的自动识别技术，它是利用光电扫描设备识读条码符号，从而实现信息自动录入。无线射频识别（RFID）技术是近几年发展起来的现代自动识别技术，它利用感应、无线电波或微波技术的读写器设备对射频标签进行非接触式识读，达到对数据自动采集的目的。生物识别技术是利用人类自身生理或行为特征进行身份认定的一种技术。生物特征包括手形、指纹、脸形、虹膜、视网膜、脉搏、耳廓等，行为特征包括签字、声音等。

条码识别技术

RFID 技术

2. **数据挖掘技术**

数据仓库出现在 20 世纪 80 年代中期，它是一个面向主题的、集成的、非易失的、时变的数据集合，数据仓库的目标是把来源不同、结构相异的数据经加工后在数据仓库中存储、提取和维护，它支持全面的、大量的复杂数据的分析处理和高层次的决策支持。数据仓库使用户拥有任意提取数据的自由，而不干扰业务数据库的正常运行。数据挖掘是从大量的、不完全的、有噪声的、模糊的及随机的实际应用数据中，挖掘出隐含的、未知的、对决策有潜在价值的知识和规则的过程。一般分为描述型数据挖掘和预测型数据挖掘两种。描述型数据挖掘包括数据总结、聚类及关联分析等，预测型数据挖掘包括分类、回归及时间序列分析等。其目的是通过对数据的统计、分析、综合、归纳和推理，揭示事件间的相互关系，预测未来的发展趋势，为企业的决策者提供决策依据。

3. **人工智能技术**

人工智能是探索研究用各种机器模拟人类智能的途径，也是人类的智能得以物化与延伸的一门学科。它借鉴仿生学思想，用数学语言抽象描述知识，用以模仿生物体系和人类的智能机制，主要的方法有神经网络、进化计算和粒度计算三种。

（1）神经网络。

神经网络是在对生物神经网络研究的基础上，模拟人类的形象直觉思维，根据生物神经元和神经网络的特点，通过简化、归纳，提炼总结出来的一类并行处理网络。神经网络的主要功能有联想记忆、分类聚类和优化计算等。虽然神经网络具有结构复杂、可解释性差、训练时间长等缺点，但由于其对噪声数据的高承受能力和低错误率的优点，以及各种网络训练算法，如网络剪枝算法和规则提取算法的不断提出与完善，使得神经网络的应用越来越受到广大使用者的青睐。

（2）进化计算。

进化计算是模拟生物进化理论而发展起来的一种通用的问题求解方法。因为它来源于解决那些难以用传统方法来解决的复杂问题。它采用了多点并行搜索的方式，通过选择、交叉和变异等进化操作，反复迭代。在个体的适应度值的指导下，使得每代进化的结果都优于上一代，如此逐代进化，直至产生全局最优解或全局近优解。其中最具代表性的就是遗传算法，它是基于自然界的生物遗传进化机理而演化出来的一种自适应优化算法。

（3）粒度计算。

早在1990年，我国著名学者张钹和张铃就进行了关于粒度问题的讨论，并指出：人类智能的一个公认特点，就是人们能从极不相同的粒度上观察和分析同一问题。人们不仅能在不同粒度的世界上进行问题的求解，而且能够很快地从一个粒度世界跳到另一个粒度世界，往返自如，毫无困难。这种处理不同粒度世界的能力，正是人类问题求解的强有力表现。随后，扎德（Zadeh）讨论模糊信息粒度理论时，提出人类认知的三个主要概念，即粒度（包括将全体分解为部分）、组织（包括从部分集成全体）和因果（包括因果的关联），并进一步提出了粒度计算。扎德认为，粒度计算是一把大伞，它覆盖了所有有关粒度的理论、方法论、技术和工具的研究。目前主要有模糊集理论、粗糙集理论和商空间理论三种。

4. GIS 技术

人工智能技术

GIS 技术是打造智能物流的关键技术与工具，使用 GIS 可以构建物流一张图，将订单信息、网点信息、送货信息、车辆信息、客户信息等数据都在一张图中进行管理，实现快速智能分单、网点合理布局、送货路线合理规划、包裹实时监控与管理。GIS 技术可以帮助物流企业实现基于地图的服务，例如：

（1）网点标注。

将物流企业的网点及网点信息（如地址、电话，提送货等信息）标注到地图上，便于用户和企业管理者快速查询。

（2）片区划分。

从“地理空间”的角度管理大数据，为物流业务系统提供业务区划管理基础服务，如划分物流分单责任区等，并与网点进行关联。

（3）快速分单。

使用 GIS 地址匹配技术，搜索定位区划单元，将地址快速分派到区域及网点。并根据该物流区划单元的属性找到责任人以实现“最后一千米”配送。

（4）车辆监控管理系统。

从货物出库到到达客户手中全程监控，减少货物丢失；合理调度车辆，提高车辆利用率；各种报警设置，保证货物、司机、车辆安全，节省企业资源。

（5）物流配送路线规划辅助系统。

用于辅助物流配送规划，合理规划路线，保证货物快速到达，节省企业资源，提高用户满意度。

（6）数据统计与服务。

将物流企业的数据信息在地图上可视化地直观显示，通过科学的业务模型，GIS 专业算法和空间挖掘分析，洞察通过其他方式无法了解的趋势和内在关系，从而为企业的各种商业行为，如制订市场营销策略、规划物流路线、合理选址、分析预测发展趋势等构建良好的基础，使商业决策系统更加智能和精准，从而帮助企业获取更大的市场契机。

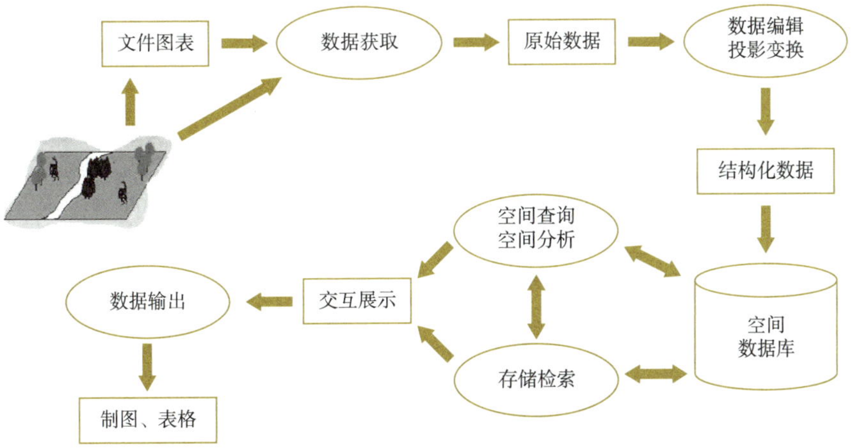

GIS 基本功能的实现过程

三、其他智慧物流技术

其他智慧物流技术，如无人机快递、智能快递柜、分拣机器人、智能配送机器人、无人仓、AR 技术等，正在重塑物流市场主体，带领物流设施设备朝着自动化、集成化和智能化的方向发展。

（1）无人机快递。

无人机快递，即利用无线电遥控设备和自备的程序控制装置操纵无人驾驶的低空飞行器运载包裹，自动送达目的地，其优点主要在于解决偏远地区的配送问题，提高配送效率，同时减少人力成本。缺点主要在于恶劣天气下无人机会送货无力，在飞行过程中，无法避免人为破坏等。

（2）智能快递柜。

智能快递柜是随着快递业不断发展新生的事物，为突破物流快递中“最后 100 米”的障碍，根据现代物品流通更网络化、电子化、自动化的发展趋势，融合了网络购物、电子商务、物流方式等现代商业运营模式，将远程通信、全球定位系统、自动控制等电子科技融为一体，以全新的商业运营模式，引领并满足人们快捷、便利、低成本的物流消费的生活方式。快递终端的自助化简化了人工操作流程，提高了工作效率和准确性，可大幅降低企业的运营成本。

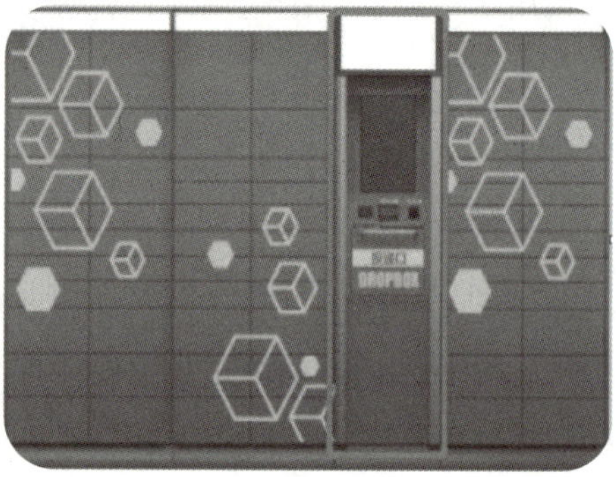

（3）分拣机器人。

分拣机器人是一种具备传感器、物镜和电子光学系统的机器人，可以快速进行货物分拣。基于高效、准确的分拣需求，分拣机器人系统应运而生。通过分拣机器人系统与工业相机的快速读码及智能分拣系统相结合，可实现包裹称重、读码后的快速分拣及信息记录交互等工作。分拣机器人系统可大量减少分拣过程中的人工需求，提高分拣效率及自动化程度，并大幅提高分拣准确率。随着大数据算法的日趋完善、货物信息的逐步标准化、智能

控制系统的集成化，分拣机器人系统已成为物流业由劳动密集型产业向批量智能化转型高度契合的产物。

（4）智能配送机器人。

智能配送机器人内含多种高科技。走在路上 360 度环境监测，自动避让行人车辆，还会绕开路障，自动识别红绿灯，客户可以通过人脸识别、提货码、手机 App 链接三种方式进行取货。全面协助快递员进行快递配送，一名快递员本来一天能送 200 件快件，配合智能配送机器人后，一天能送 1000 件快件。

（5）AR 技术。

增强现实（Augmented Reality，AR）技术是一种实时地计算摄影机影像的位置及角度，并加上相应图像的技术，是一种将真实世界信息和虚拟世界信息"无缝"集成的新技术。由于人工智能和区块链的分布式账本技术的创新，AR 技术有望在此基础上成为用于管理供应链的强有力助手。AR 技术可以将数字信息叠加到现实世界中，例如，AR 技术可以帮助卡车司机、仓库员工和管理员更直观地跟踪货物，从它们离开工厂直到送达客户的家门口。通过在包装上使用传感器，公司经理可对产品进行更高级的分析。而工厂可以根据当天无数个零售店的销售额来实时决定增产或者减产。从事数字供应链工作的数据学家可以从他们的产品中获得更全面的见解，无论货物是放在正在路途中的运输货车上还是位于经销商的仓库货架上。

想一想

菜鸟是如何推行智慧物流技术的？

四、智慧物流的现状和发展趋势

1. 智慧物流的现状

随着移动互联网、物联网、大数据等信息技术的广泛应用，我国物流业结构调整和发展方式不断转换，智慧物流步入快速发展轨道，推动传统物流业焕发出新的生机，物流市场呈现出良好的发展态势。智慧物流大数据表明，我国智慧物流正处于快速发展阶段。

（1）政策环境持续改善。

经国务院同意，国家发展和改革委员会会同有关部门研究制订了《"互联网+"高效物流实施意见》，交通运输部、商务部、工业和信息化部等有关部门从各自职能领域出发部署推进"互联网+高效物流"相关工作，为推动智慧物流发展营造了良好的政策环境。国务院强调了推动物流业与互联网深度融合的重要性，并提出了一系列具体措施来提高全社会物流的质量、效率和安全水平。此外，针对冷链物流领域，2021年12月，国家发改委公布《"十四五"冷链物流发展规划》，提出了提升技术装备水平的目标，包括冷库、冷藏车总量的稳定增长和区域分布的优化，以及冷链物流标准化、智慧化、绿色化水平的提高。为了加快推动智慧物流体系建设，2022年10月，交通运输部和国家标准化管理委员会联合印发了《交通运输智慧物流标准体系建设指南》，旨在通过标准化推动智慧物流的发展，这也是现代物流业的发展方向。这些政策文件和规划，明确了智慧物流的发展方向和目标，为物流行业提供了行动指南，旨在构建一个供需适配、内外联通、安全高效、智慧绿色的现代物流体系。

（2）物联网逐步形成。

近年来，随着移动互联网的快速发展，大量物流设施通过传感器接入移动互联网。截至2019年年底，我国已经有超过400万辆重载货车安装了北斗卫星定位装置，还有大量托盘、集装箱、仓库、货物接入互联网。物流连接呈快速增长趋势，以信息互联、设施互联带动物流互联，"万物互联"的物联网的发展正处于关键时期。物流在线化创造并奠定了智慧物流发展的前提与基础。

（3）物流大数据得到应用。

物流在线化产生大量业务数据，使得物流大数据从理念变为现实，数据驱动的商业模式推动产业智能化变革，大幅提高了生产效率。例如，菜鸟网络推出智能路由分单，实现包裹与网点的精准匹配，准确率高达98%以上，分拣效率提高50%以上，大大缓解了爆仓压力。利用物流大数据服务对物流大数据进行处理与分析，挖掘对企业运营管理有价值的信息，从而科学合理地进行管理决策，是企业的普遍需求。

（4）物流云服务强化保障。

依托大数据和云计算能力，通过物流云高效整合、管理、调度资源，为各参与方按需提供信息系统及算法应用服务，是智慧物流的核心需求。近年来，京东、菜鸟、百度等纷纷推出物流云服务应用，为物流大数据提供了重要保障。业务数据化正在成为智慧物流的重要基础。

（5）协同共享助推模式创新。

智慧物流的核心是协同共享，这是信息社会区别于传统社会，并将爆发出最大创新活力的理念源泉。协同共享理念克服了传统社会的产权所有观念，通过分享使用权而不占有所有权，打破传统企业边界，深化企业分工协作，实现存量资源的社会化转变与闲置资源的最大化利用。例如，菜鸟驿站整合高校、社区、便利店、物业等社会资源，有效解决末端配送效率与成本问题。近年来，“互联网 + 物流服务”成为贯彻协同共享理念的典型代表。

（6）人工智能正在起步。

以人工智能为代表的物流技术服务应用物流信息化、自动化、智能化技术来实现物流作业的高效率、低成本，是物流企业较为迫切的现实需求。其中，人工智能通过赋能物流各环节、各领域，实现智能配置物流资源、智能优化物流环节，智能提升物流效率。特别是在无人机、无人仓储、无人配送、物流机器人等人工智能前沿领域，菜鸟、京东、苏宁等一批领先企业已经着手开展试验应用。

2. 智慧物流的发展趋势

物联网、大数据及人工智能三大领域是未来智慧物流发展的重要方向。智慧物流在迎来发展机遇的同时，也面临着巨大的挑战，因此智慧物流加快转型升级成为必然趋势。

（1）智慧物流引领产业发展。

智慧物流将引领智慧供应链变革，凭借靠近用户的优势，智慧物流带动互联网深入产业链的上下游，以用户需求倒逼产业链各环节强化联动与深化融合，助推协同共享生态体系加快形成。当前，物流企业对智慧物流的需求主要集中在物流技术、物流云、物流模式和物流大数据这四个领域。2016 年智慧物流这四大领域的市场规模已经超过了 2000 亿元，预计到 2025 年，智慧物流的市场规模将超过万亿元。以先进物流信息技术为依托的智慧物流将重塑物流产业结构，引领物流产业新发展。

（2）数据和连接升级。

随着信息系统建设、数据对接协同与手持终端的普及，物流数据将全面实现可采集、可录入、可传输、可分析。预计在未来 5~10 年，物流数字化程度将显著提升，打破行业信息不对称和信息孤岛的现象，全程透明强化智慧物流基础。物联网、云计算、大数据等新一代信息技术将进入成熟期，物流人员、装备设施以及货物将全面接入互联网，呈现指数级增长趋势，形成全覆盖、广连接的物联网，万物互联将助推智慧物流发展。

（3）智能升级，物流机器人会大量出现。

随着人力成本的不断提高，机器人成本会逐渐低于人工成本，简单重复性劳动被机器人取代只是时间问题，预计在未来 5~10 年，物流机器人使用密度将达到每万人 5 台左右，物流赋能改造传统物流基因，智能革命将改变智慧物流格局。

（4）绿色升级。

习近平主席提出“绿水青山就是金山银山”，随着环境保护、垃圾分类等呼声日益高涨，物流业也将承担全球绿色发展与可持续发展的使命，充分利用社会闲置资源，积极降低能源耗费。预计在未来五年，绿色包装、绿色运输、绿色仓储将得以加快推广应用，绿色低碳将提升智慧物流的影响力。

（5）模式和体验升级。

预计在未来 5~10 年，众包、众筹、共享等新的分工协作方式将得以广泛应用，打破传统工业体系，重构企业业务流程与经营模式，创新驱动成为智慧物流的动力。预计未来分布式的物联网更接近消费者，全面替代集中化运作方式，依托开放共享的物流服务网络，满足每个客户的个性化服务需求，体验经济将创造智慧物流价值。

任务实施

1. 完成组员分工。

成员	负责的工作内容	完成度

2. 收集制作 PPT 所需要的信息，并列出提纲。

主题	
第一部分	
第二部分	
第三部分	

3. 制作 PPT 并分享给同学们。

任务评价

根据课程相关评分要求，本任务的评分标准如下：

序号	考核内容	分值	得分
1	PPT 的内容详实、丰富、主题突出	60	
2	PPT 的结构合理逻辑顺畅	10	
3	PPT 中对各种工具的运用得当	10	
4	PPT 内在素材符合物流职业道德这一主题	10	
5	整体界面美观，布局合理，层次分明，视觉效果好，表现力和感染力强	10	
合计		100	

拓展阅读

有了 AI，亚马逊把物流玩得更溜了。迎战“剁手星期一”（感恩节后的第一个星期一，即 11 月 27 日，通常是美国最火爆的网购日），亚马逊利用 AI 更安全、更高效地将包裹送到客户手中。谈到 AI 在物流的作用，亚马逊负责最后一英里配送的规划技术副总裁 Scot Hamilton 指出：“‘剁手星期一’是我们的超级碗，我们已经训练了几个月，人工智能帮助我们完成了这一天之前和之中的所有工作。”尽管 AI 看不到也感觉不到，但它就像氧气一样至关重要。当你没有意识到它的存在时，这意味着它正在完美地工作。亚马逊在其官网上介绍人工智能如何赋能物流，从开始送货前的几个月，到司机上路的那一刻，再到包裹送到客户门口，每一个环节都嵌入了AI技术。值得一提的是，亚马逊已成为美国最大的快递公司，亚马逊的最新内部数据显示，其在美国的年度配送量首次超越了竞争对手UPS和FedEx，预计在“黑五”和“剁手星期一”之前将运送总计48亿个包裹，2023年末将达到约59亿个包裹

其实早在客户点击购买商品之前，亚马逊的供应链优化技术SCOT就已经开始工作。SCOT利用深度学习模型和海量数据集，每天预测4亿多种产品的需求和销量，来决定在哪些仓库存放多少数量的产品，并协调全球数百万卖家发货。十年前，亚马逊首次将深度学习模型引入SCOT，预测的准确率在短短两年内跃升了15倍，同时亚马逊能够储备更多的商品，并更快地将商品送到客户手中。2020年，亚马逊开始使用Transformer框架，来引入一个统一的预测模型。在亚马逊庞大的产品目录中，该模型能更准确地预测顾客会喜欢什么、购买什么，该技术有助于进一步改善对亚马逊产品上架的规划。

客户下单之后就进到了物流环节，随着AI技术的发展，机器人变得越来越智能，赋能打包、运输的整条链路，从而将包裹送到客户手中。具备AI机器视觉功能的机器人可以识别、分类和检查数亿种商品的质量，然后将其打包，装上送货车。亚马逊拥有全球最大的移动工业机器人车队，部署超75万台机器人。只要客户点击亚马逊网站上的“立即购买”按钮，履约中心的中央规划软件就会派出中的一个机器人去取购买的商品。名为Sequoia的机器人滑到存储货物的下方，将其从地板上抬起，然后送到亚马逊员工的手中，由员工扫描、贴标签并准备包装。亚马逊此前称，Sequoia可以将识别和存储库存的速度提高75%，同时将仓库处理订单的时间缩短25%。

此外，亚马逊利用生成式AI创建“合成数据”，模拟机器人在“剁手星期一”等高峰期可能遇到的各种场景，以训练机器学习。而一旦一个机器人学会了如何更高效地导航，整个车队也会获得同样的能力。一旦物品包装完毕并贴好标签，接下来员工就会把包裹交给名为Robin的机器人。具备AI增强视觉系统的Robin会帮助分拣包裹，可以了解哪里有哪些物体，它可以识别出不同大小的盒子、软包装和叠在一起的信件。

作业与练习

一、判断题

1. 智慧物流主要依靠人工操作来提高物流效率。（　）

2. RFID 技术可以用于智慧物流中的货物追踪和库存管理。（　）

3. 云计算与智慧物流无关，它更多应用于 IT 领域。（　）

4. 智慧物流可以通过预测分析来优化库存水平。（　）

5. 自动化仓库系统不能减少物流中心的工作人员数量。（　）

二、单项选择题

1. 下列属于智慧物流核心技术之一的是（　）。

A. 大数据分析　　B. 3D 打印

C. 虚拟现实　　D. 手工操作

2. 在智慧物流系统中，用于实时定位货物位置的技术是（　）。

A. RFID　　B. GPS

C. Barcode　　D. EDI

3. 智慧物流系统中的自动分拣系统能够（　）。

A. 提高分拣速度　　B. 增加货物损坏率

C. 减少人工成本　　D. 降低分拣准确性

4. 全球定位系统的简称是（　）。

A. GIS　　B. GPS

C. GSM　　D. WMS

三、多项选择题

1. 智慧物流可能涵盖哪些技术领域？（　）

A. 云计算　　B. 机器学习

C. 传统邮件服务　　D. 大数据分析

2. 以下哪些设备和技术可用于智慧仓库的管理？（　）

A. 无人机　　B. RFID 标签

C. 手动记录本　　D. 自动化货架系统

3. 智慧物流的特点有（　）。

A. 互联互通，数据驱动　　B. 深度协同，高效执行

C. 模块独立，互不干扰　　D. 自主决策，学习提升

4. 在智慧物流系统中，哪些因素对货物追踪和管理至关重要？（　　）

A. 货物大小　　B. 货物重量

C. 实时数据流　　D. 货物标签技术

四、简答题

1. 什么是智慧物流？请举例说明它在现实生活中的应用。

2. 智慧物流在提升物流效率的同时，还能带来哪些好处？

3. 我国智慧物流的发展现状和趋势如何？

任务二　智慧物流服务模式与运营模式

学习目标

知识目标

阐述智慧物流的服务模式。

概述智慧物流的运营模式。

简述信息化和人工智能对物流的影响。

技能目标

识别智慧物流常见的服务模式和运营模式。

素养目标

培养学生的创新意识。

培养学生的团队合作精神，适应智慧物流环境下的协作。

任务描述

京东物流作为京东集团的核心竞争力之一，一直致力于通过技术创新提升服务水平。为了进一步优化用户体验，提高物流效率，降低成本，并实现可持续发展，京东物流推出了以“智能”为核心的服务模式和运营模式。

京东的无人仓库是智慧物流服务与运营模式的先进代表，它通过集成多项自动化技术，实现了仓储操作的智能化和效率化。京东物流构建了基于5G技术的无人仓网络，5G的高可靠性、大带宽和低时延特性使得无人仓的连接更加稳定，解决了以往WiFi技术下的信号干扰问题，提高了大规模自动化应用的网络承载能力。

利用大数据分析技术，根据用户历史购买数据、浏览行为和市场趋势，预测各地区的订单需求，提前调配商品至相应地区的仓库或配送站点。通过机器学习算法优化配送路线，确保每个订单都能以最快的方式送达。同时，利用自然语言处理技术（NLP）提升客户服务体验，如智能客服机器人解答用户咨询。根据用户偏好提供定制化的配送服务，如指定时间段内送货、极速配送等，以及为不同类别的商品提供特定温层的冷链物流服务。在仓库中广泛应用自动化设备，包括自动化货架、分拣机器人、无人搬运车（AGV），减少人工操作，提高仓库运作效率。在城市地区部署无人配送车队进行地面配送，同时在特定条件下使用无人机完成“最后一公里”配送，尤其是在交通不便或人员难以到达的地区。引入智能调度系统，实时监控订单状态、交通状况、天气信息等因素，动态调整配送计划，确保高效率和高准时率。推广使用环保包装材料，减少一次性塑料使用；实施旧物回收计划，鼓励消费者参与环保；优化运输路线减少碳排放。

京东无人仓库不仅是智慧物流的一个典型案例，也代表了未来物流行业的发展趋势。随着技术的不断进步和创新，智慧物流服务与运营模式有望在效率、成本控制和服务质量上持续突破。

任务要求：

（1）请分析此案例中有哪些智慧物流的服务模式和运营模式。

（2）请各小组分工配合把分析结果以 PPT 方式展示分享。

知识准备

一、智慧物流服务模式

在“大数据”“互联网+”国家战略推动和“物联网”技术应用加快发展的大背景下，智能交通、智慧仓储快速发展，“物联网”促进交通运输、仓储设施设备互联互通。智慧物流的建设，已成为推动物流业供给侧结构性改革的重要引擎。物流行业借助互联网、物联网、大数据、云计算、人工智能、区块链等技术，正发生翻天覆地的变化，中国物流业的新时代，或将由智慧物流引领开启。物流发展方式和商业模式发生重大转型，效率驱动、数字驱动、体验驱动、消费者驱动更加明显，物流企业通过技术的快速进步、服务的快速迭代，使得其市场竞争力大幅提升，智慧物流使得物流服务模式发生了变化。

想一想

智慧物流的应用场景有哪些？

智慧物流服务模式根据不同的分类方式有不同的类别，按照物流服务提供方的不同，可分为第一方物流服务、第二方物流服务、第三方物流服务和第四方物流服务；按提供方式的不同，可分为自营、第三方、“1+3”和基于管理平台的服务模式；按平台方式分类，可以分为一体化服务模式、网络化服务模式、虚拟化服务模式和移动化服务模式。

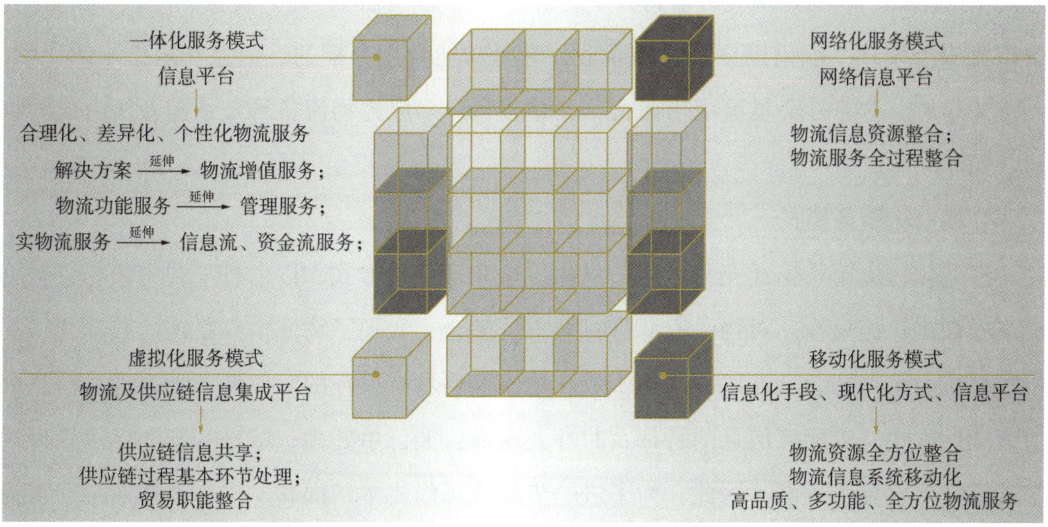

智慧物流服务模式分类

1. **一体化服务模式**

一体化服务模式以信息平台为基础，根据客户需求，提供从原材料采购到产成品分销整个供应链的流程方案，整合、协调和管理涉及整个流程的资源，一体化服务并非若干物流功能服务的简单汇总，而是提供综合物流服务的整体解决方案，扮演物流参与者的角色；将多个物流功能服务进行整合，对物流运作进行总体设计和管理，扮演的是物流责任人的角色。一体化物流服务的市场竞争，实际上是物流解决方案合理性的竞争。

2. **网络化服务模式**

网络化服务模式以互联网和实体网络为支撑，是将分散的物流资源有效整合的一种服务模式。它使得原本呈现分散态势的物流信息资源，通过网络信息平台实现整合，使物流企业之间突破地域的界限，在计算机网络这个空间相互交流、协作，并且实现优势互补。每个智慧物流服务通过网络平台相互衔接，最终实现物流服务全过程的整合。与此同时，为了能够使各种物流服务整体优化，网络化服务模式将服务功能建立在满足服务使用者的基础之上，做到高效益、高精确度的服务，促进智慧物流服务由智慧物流服务的规模化、综合化逐渐向自动化和信息化迈进。

3. 虚拟化服务模式

虚拟化服务模式是以计算机网络技术进行物流运作与管理，实现企业间物流资源共享和优化配置的物流服务方式，它依靠物流及供应链信息集成平台，通过物流组织、交易、服务、管理方式的虚拟网络化，以获取物流领域的规模化效益为纽带，以先进的信息技术为基础，以达到供应链信息共享的目的，实现物流的高速、安全、可靠、低费用。虚拟化服务模式一般借助虚拟物流企业，它是功能合理分配的、信息和运作一体化的，利益共享的。对于社会物流需求而言，又是整合众多原先物流各环节承担者所组成的物流共同体。

4. 移动化服务模式

移动化物流服务模式充分运用信息化手段和现代化方式，以信息平台为依托，对物流市场做出快速反应，对物流资源进行全方位整合，实现了物流信息系统的移动化，提供高品质、多功能、全方位的物流服务。物流信息具有很强的时效性、动态性，信息价值衰减速度快，对物流信息的管理及时性要求高，如订单处理、配送管理和运输管理对信息的时效性要求很高。因此，为了进一步降低运作成本、提高工作与沟通效率、加强企业竞争力，移动信息化服务彰显出自己的优势。

二、智慧物流的运营模式

随着时代的发展，智慧物流的开启对旧有的运营模式提出了新的挑战。智慧物流使物流具有信息化、数字化、网络化、集成化等先进技术特征。这一系列高新技术的应用会给物流行业带来海量数据，如何使这些数据有效地服务于物流，是不可避免的一项挑战。显然，旧有的车、人、库单一的运营模式已经落伍。这时，“大数据 + 物流”的到来，为智慧物流开启了新的运营模式。大数据背景下的智慧物流信息技术主要分为智慧物流信息捕捉技术、智慧物流信息推送技术、智慧物流信息处理技术、智慧物流信息分析技术以及智慧物流信息预测技术等几个方面，显然，这些都为物流行业的运营模式带来了新的变化。

“物流 + 大数据”在物流上最好的体现是在第三方平台。借助互联网网络建立一个开放、透明、信息共享的数据应用平台，从而为物流公司、发货企业或个人提供车源、货源等高效的业务对接平台，在提高物流行业服务水平的同时降低物流成本。平台运用大数据可为用户带来更多优质的选择与服务。智慧物流的创新运营模式主要有云物流、云仓资源共享、物流众包共享等。

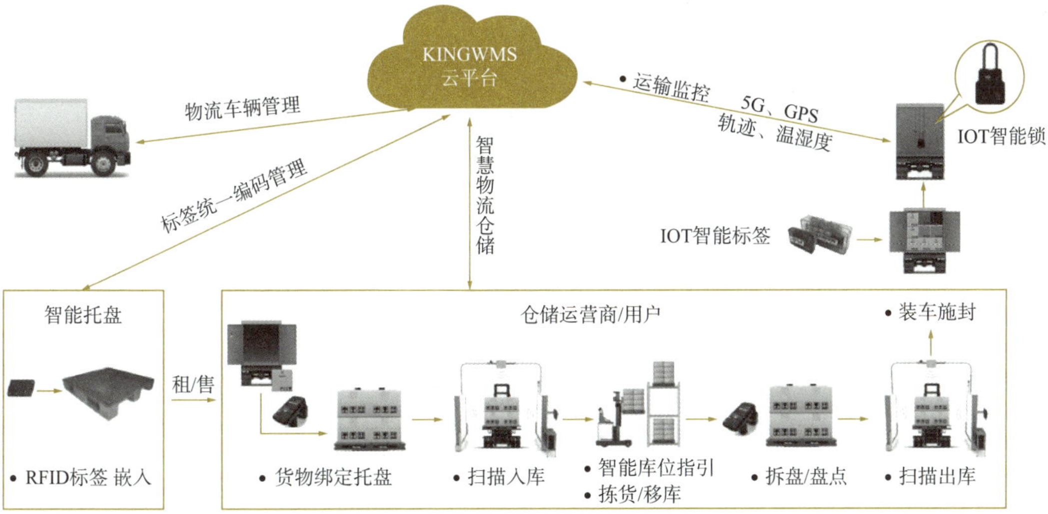

1. 云物流

（1）云物流的概念。

云物流是指基于云计算应用模式的物流平台服务。在云平台上，所有的物流公司、代理服务商、设备制造商、行业协会、管理机构、行业媒体、法律机构等都集中整合为资源池，各个资源相互展示和互动，按需交流，达成意向，从而降低成本，提高效率。云物流的特点在于全供应链整合，大数据驱动整个供应链重新组合，无论是上游的原材料、生产制造端，还是下游的分销端，都会重新组合，由线性的、树状的供应链转型为网状供应链。

（2）物流云服务的典型场景。

①数据共享。实现物流基础数据互联互通，减少物流信息重复采集，消除物流企业信息孤岛，提高服务水平和效率。例如，供应链上下游各方共享货品、车辆等基础数据。

②销售预测。利用用户消费特征、商家历史销售等海量数据，通过大数据预测分析模型，对订单、促销、清仓等多种场景下的销量进行精准预测，为仓库商品备货及运营策略制订提供依据。

③网络规划。基于历史大数据、销量预测数据，构建成本、时效、覆盖范围等多维度运筹模型，对仓储、运输、配送网络进行优化布局。

④库存部署。在多级物流网络中科学部署库存，智能预测补货，实现库存协同，加快库存周转，提高现货率，提升整个供应链效率。

⑤行业洞察。利用大数据技术，挖掘分析计算机类、通信类和消费类电子产品，家电，鞋服等不同行业以及运输、仓储、配送、快递等不同环节物流运作的特点及规律，形成最佳实践，为物流企业提供完整解决方案。

2. 云仓资源共享

（1）云仓资源共享的概念。

云仓资源共享是指通过建立云仓设备自动化及智能仓储系统，实现仓库设施网络的互联互通。在此基础上，面向用户开放云仓资源，实现仓储资源共享的模式。云仓系统是基于实体的仓库设施网络系统打造的在线互联网平台，通过互联网联通全国各地仓库的管理系统，实现仓库数据与云仓平台互联互通。基于云计算和大数据分析，整合、运筹和管理实体仓库系统，实现优化仓库资源配置，并实时进行全国仓库系统的网络化运营与共享管理。

（2）云仓技术应用和云仓技术服务典型场景。

云仓技术应用的典型场景：

①自动化设备。通过自动化立体仓库、自动分拣机、传输带等设备，实现存取、拣选、搬运、分拣等环节机械化、自动化。

②智能设备。通过自主控制技术，进行智能抓取、码放、搬运及自主导航等，使整个物流作业系统具有高度的柔性和扩展性，如拣选机器人、码垛机器人、自动引导车、快递无人机、智能配送机器人等。

③智能终端。基于高速联网的移动智能终端设备，物流人员的操作将更加高效便捷，人机交互协同作业将更加人性化。

云仓技术服务的典型场景：

①互联网＋智能仓储。开发全自动仓储系统，设计智能仓储机器人，完成货物上架、拣选、打包、贴标签等操作，大幅提高仓储管理效率与水平。通过仓储信息集成、挖掘、跟踪与共享，有效实现取货自动化、进出货无缝化和订单处理准确化。

②互联网＋高效运输。通过搭建互联网平台，实现货运供需信息在线对接与实时共享，将分散的货运市场有效整合起来，改进运输组织方式，提升运输运作效率。

③互联网＋便捷配送。借助互联网平台，搭建城市配送运力池，采用共同配送、集中配送、智能配送等先进模式，解决“最后一公里”难题。

④互联网＋智能终端。适应本地生活服务需要，整合末端人力资源、服务网络和智能终端，实现资源分布式布局与共享式利用，提升资源利用效率与用户服务体验。

（3）我国三大云仓应用。

①菜鸟云仓。菜鸟把自己定位为物流大数据平台，菜鸟网络将组建全球最大的物流云仓共享平台。菜鸟搭建的数据平台，以大数据为能源，以云计算为引擎，以仓储为节点，编织一张智慧物流仓储设施大网，覆盖全国乃至全球，开放共享给天猫和淘宝平台上的各商家。

②京东云仓。京东自建的物流系统已经开始对社会开放，京东物流依托自身庞大的物流网络设施系统和京东电商平台，从供应链中部向前后端延伸，为京东平台商家开放云仓共享服务，提升京东平台商家的物流体验。此外，利用京东云仓完善的管理系统，跨界共享给金融机构，推出“互联网＋电商物流金融”服务，利用信息系统全覆盖，实现仓储配送一体化。

（4）顺丰云仓。

顺丰利用覆盖全国主要城市的仓储网络，加上具有差异化的产品体系，围绕高质量的直营仓储配送网，优化供应链服务能力，重点面向手机、运动鞋服、食品冷链和家电行业客户开放共享云仓系统。

3. 物流众包共享

（1）物流众包共享的概念。

物流众包共享是一种基于互联网平台的开放式配送模式，它借助成熟的移动网络技术，将原来由专职配送员完成的任务，以自愿、有偿的方式，通过网络外包给非特定的群体，这些人只要有一部智能手机和一辆交通工具，在空闲时间就可以抢单、取货、送货，门槛低，时间自由，还能赚一份兼职收入。目前，以新达达、人人快递、京东众包、闪送、快收、蜂鸟配送等为代表的众包模式受到了快递人员与消费者的欢迎。

（2）物流众包共享典型场景。

①统筹资源。整合社会闲散仓库、车辆及配送人员等物流资源，通过仓库租赁需求分析、人力资源需求分析、融资需求趋势分析、设备使用状态分析等，合理配置，实现资源效益最大化。

②软件即服务。实现仓库管理系统（WMS）、运输管理系统（TMS）、订单管理系统（OMS）等信息系统的软件及服务化，为更多物流企业提供更加快捷、更加多样化的系统服务与迭代升级。

③算法组件化服务。将路径优化、装箱、耗材推荐、车辆调度等算法组件化，为更多物流企业提供单个或组合式的算法应用服务。

任务实施

1. 完成组员分工。

成员	负责的工作内容	完成度

2. 收集制作 PPT 所需要的信息，并列出提纲。

主题	
第一部分	
第二部分	
第三部分	

3. 制作 PPT 并分享给同学们。

任务评价

根据课程相关评分要求，本任务的评分标准如下：

序号	考核内容	分值	得分
1	PPT 的内容详实、丰富、主题突出	60	
2	PPT 的结构合理，逻辑顺畅	10	

续表

序号	考核内容	分值	得分
3	PPT 中对各种工具的运用得当	10	
4	PPT 内在素材符合物流职业道德这一主题	10	
5	整体界面美观，布局合理，层次分明，视觉效果好，表现力和感染力强。	10	
合计		100	

作业与练习

一、判断题

1. 大数据时代的到来，有效推动“小物流”体系的形成。(　　)

2. 智慧物流技术的应用将使物流成本和效率同时提高。(　　)

3. 条码识别技术是目前使用最广泛的自动识别技术。(　　)

4. GIS 是打造智能物流的关键技术与工具。(　　)

5. 使用 GPS 地址匹配技术可以实现快速分单功能。(　　)

二、单项选择题

1. 基于云计算应用模式的物流平台服务称为（　　）。

A. 云服务　　B. 云仓　　C. 云物流　　D. 云平台

2. 云物流的特点是（　　）。

A. 开放式　　B. 封闭式　　C. 全网络化　　D. 全供应链化

3. 下列可以为客户提供主要物标数据的技术是（　　）。

A. GIS　　B. GSM　　C. WMS　　D. TMS

4. 运输管理系统的简称是（　　）。

A. OMS　　B. TMS　　C. GSM　　D. WMS

三、多项选择题

1. 智慧物流的应用包含的物联网技术有（　　）。

A. 条形码技术　　B. 无线射频识别技术

C. 传感器　　D. 全球定位系统

2. 智慧物流应用的自动识别技术有（　　）。

A. 条码识别技术　　B. RFID 技术

C. 生物识别技术　　D. 化学识别技术

3. 智慧物流应用的数据挖掘技术有（　　）。

A. 精准型数据挖掘　　B. 描述型数据挖掘

C. 预测型数据挖掘　　D. 模糊型数据挖掘

4. 智慧物流的创新运营模式包含（　　）。

A. 云物流　　B. 物流众包共享

C. 网络资源共享　　D. 云仓资源共享

四、简答题

1. 智慧物流在新零售中的应用有哪些？

2. 智慧物流面临的挑战有哪些？

08 项目八

国际物流

任务一 国际物流

学习目标

知识目标

理解国际物流的概念及其特点。

了解国际物流企业类型。

掌握国际物流运输的方式。

了解国际物流节点的基本知识。

技能目标

能够识别国际物流企业的类型。

能够选择国际物流的运输方式。

素养目标

培养国际物流人员必须具备的基本素质和职业技能。

培养能够胜任国际物流领域工作的职业素养。

任务描述

小李一直从事国内物流的业务，小李的公司最近把业务范围拓展到国际物流业务。经理小张认为小李有一定的经验，适合拓展国际物流领域的业务，就把国际物流的市场交由小李负责，小李通过学习后，认为国际物流比国内物流复杂很多，你认为小李需要学习哪些知识，才能把国际物流市场做好呢?

任务要求：

（1）能够根据国际物流企业的类型，辨识不同的国际物流企业。

（2）能够根据运输信息，选择合适的国际物流运输方式。

（3）能够根据信息，识别国际物流节点。

知识准备

一、国际物流的概念及其特点

1. 国际物流的概念

国际物流是指跨越不同国家（地区）之间的物流活动。它是随着世界各国或地区之间进行国际贸易而发生的商品实体从一个国家或地区向另一个国家或地区流转的过程中所发生的物流活动。

2. 国际物流的特点

（1）复杂性。复杂性主要是指国际物流通信设备的复杂性、法规环境和商业现状的差异性等。

（2）管制性。由于国际物流属于对外提供服务，对国际收支平衡有着重要的作用，因此，政府对国际物流的干预、管制远比国内物流多。

（3）技术性。由于国际物流的物流环境存在差异，要使国际物流畅通，没有国际化信息系统的支持与统一标准，国际物流难以顺利进行。

（4）国际性。国际物流涉及多个国家，地理范围大。国际物流跨越不同的国家和地区、海洋和大陆，运输距离长，运输方式多样，这就需要合理地选择运输路线和运输方式，尽量缩短运输距离，缩短货物在途时间，加速货物的周转，降低物流成本。

（5）风险性。风险性是指政治风险、经济风险和自然风险。

想一想

国际物流与国内物流相比，有哪些不同？

二、国际物流企业类型

国际物流相关企业主要包括班轮公司、航空公司、船舶代理有限公司、国际货运代理公司和报关行 5 种类型。

种类	内容
班轮公司	班轮公司是指运用自己拥有或者自己经营的船舶，提供国际港口之间班轮运输服务，并依据法律规定设立的船舶运输企业。所谓班轮运输，是指在固定的航线上，以既定的港口顺序，按照事先公布的船期表航行的水上运输经营方式
航空公司	国际民用航空组织简称国际民航组织，是联合国下属专门负责管理和发展国际民航事务的机构。国际民航组织为全球各航空公司指定的3个字母作为航空公司代码。国际民航组织还是国际范围内制订各种航空标准及程序的机构，以保证各地民航航空公司运作的一致性。大部分国际航空公司都是国际航空运输协会（IATA）的成员
船舶代理公司	船舶代理有限公司简称船代公司，即代理与船舶有关业务的单位，其工作范围包括办理引水、检疫、拖轮、靠泊、装卸货、物料、证件等。船代公司负责船舶业务，办理船舶进出口手续，协调船方和港口各部门，以保证装卸货顺利进行；另外完成船方的委托代办事项，如更换船员、物料和伙食补给、船舶航修等。有时船方也会委托船代公司代签提单。船代公司的代理业务主要包括船舶进出港业务、供应业务、货运业务和其他服务性业务
国际货运代理公司	国际货运代理公司是指接受进出口货物收货人、发货人的委托，以委托人的名义或者以自己的名义，为委托人办理国际货物运输及相关业务并收取服务报酬的法人企业。 国际货运代理企业作为代理人或者独立经营人从事经营活动，其经营范围包括揽货、订舱、托运、仓储、包装；货物的监装、监卸，集装箱装拆箱、分拨、中转及相关的短途运输服务；报关、报验、保险；缮制签发有关单证、交付运费、结算及交付杂费；国际展品，私人物品及过境货物运输代理；国际多式联运、集运（含集装箱拼箱）；国际快递（不含私人信函），咨询其他国际货运代理业务
报关行	报关行是指经海关准许注册登记，接受进出口货物收发货人的委托，以进出口货物收发货人的名义或者以自己的名义，向海关办理代理报关业务，从事报关服务的境内企业法人。报关行可以分为专业报关企业和代理报关企业两种。 专业报关企业系指经海关批准设立，办理注册登记手续，专门从事进出口货物代理报关业务，具有境内法人地位独立核算的经济实体。专业报关企业必须在名称中冠以“×××报关行”或“×××报关服务公司”字样。代理报关企业系指经营国际货物运输代理、国际运输工具代理等业务，并接受委托代办进出口货物的报关纳税等事宜的境内法人

三、国际运输方式

1. 国际运输方式的概念

国际物流的运输方式指将货物从一国运到另一国所采用的一种或多种运输方式。在国际物流中采用的运输方式众多，包括海、陆、空等各种运输方式，而每种运输方式都有其自身的特点和独特的经营方式。

2. 国际运输的特点

（1）国际运输涉及国际关系问题，是一项政策性很强的涉外活动。

（2）国际运输是中间环节众多的长途运输。

（3）国际运输涉及面广，情况复杂多变。

（4）国际货物运输的时间性强。

（5）国际货物运输的风险较大。

3. 国际运输方式

国际的货物贸易必须通过运输来实现，贸易的双方需要通过合适的运输方式实现货物由卖方向买方的转移。由于不同的货物在重量、体积、形状、储存条件、理化特性等方面各不相同，货物的启运地和目的地也各不相同，因此，合理选择运输方式，将货物安全、及时、合理而又经济地运输到目的地，是国际贸易顺利实现的重要保证。

国际货物运输的主要方式有海上运输、航空运输、铁路运输、公路运输和管道运输五种形式，不同运输方式具有不同的特点和适运货物。

序号	运输方式	优点	缺点	适运货物
1	海上运输	一次运输量比较大、运输的成本低、到达能力强等	运输时间长、货物的损坏率相对较高、时间准确性较差、受自然条件限制等	大运量、长距离、对时间要求不高或价值较低的货物等
2	航空运输	运送速度快、安全准确、手续简便、节省包装材料、受地理条件影响小等	一次的货物运量较小、运输费用高	体积小、价值高、对时间要求较高的货物等
3	铁路运输	运输的准确性和连续性强、速度比较快、运量较大、成本相对较低、安全性比较高等	建造铁路的投资比较大、受地理条件限制等	适于长途运输、价值低的货物等
4	公路运输	灵活性强、方便快捷、不易受客观条件影响，可以到达其他运输方式不能触及的地方等	运量小、货损率高、费用相对较高等	只需短距离运输的各种货物
5	管道运输	可以连续不断地运送、不受气候条件的限制等	管道建造难度高、一次投资成本巨大、只能单向运输货物	各种气体、粉末状固体、液体等
6	多式联运	运输效率高、运输成本较低、运输安全性高	运输计划复杂、运输风险增加、运输协调难度大	干散货、杂货、集装箱货物

四、国际物流节点

国际物流系统中的主要节点一般有口岸、港口和机场、仓库、国际物流中心等，不同的节点对应不同的通道，将国际物流体系织成网状，促进国际物流业加速发展。

种类	定义
口岸	口岸是经国务院批准设置的供人员、货物和交通工具直接出入国（关、边）境的港口机场、车站、跨境通道等。简单地说，口岸是由国家制订对外往来的门户，是国际货物运输的枢纽。从某种程度上说，它是一种特殊的国际物流节点。口岸是一个国家主权的象征，是一个国家对外开放的门户，是国际货运的枢纽
港口	港口是位于江、河、湖、海或水库等沿岸，由一定范围的水域或陆域组成的，且具有相应的设施设备和条件开展船舶进出、停靠，货物运输、物流等相关业务的区域。由于港口是联系内陆腹地和海洋运输（或国际航空运输）的一个天然界面，因此人们也把港口作为国际物流的一个特殊节点
机场	在国际物流中，我们将机场这一节点称为航空港。航空港是货物快速周转的重要节点，一般用于运输和转运需求迫切、活体、价值高昂、对时间限制严格的物品。由于航空港的特殊性，货物运输路线与航线制订密切相关，而且考虑人工成本和运输作业成本等，航空港的建设要求非常高
仓库	仓库即用于储存、保管物品的建筑物和场所的总称，在服务生产和消费在时间间隔上发挥作用，并在质量上对进入市场的商品起保证作用。同时，还有加速商品周转、加快流通的作用，进而调节商品价格、调节运输工具载运能力的不平衡
国际物流中心	国际物流中心是物流系统的基础设施和管理中心，是基础设施集中、货物配送、运输调度、交通枢纽的中心。国际物流中心是在国际物流活动中处于枢纽或重要地位，具有较完整的物流环节，并能将物流集散、信息和控制等功能实现一体化运作的物流节点。国际物流中心多是指由政府部门和物流服务企业共同筹建的具有现代化仓库、先进的分拨管理系统和计算机信息处理系统的外向型物流集散地

想一想

选择合适的国际物流运输方式需要考虑哪些因素?

任务实施

1. 辨析国际物流企业类型。

物流活动	物流企业	类型
天津宏辉集团委托天津海峡国际货运代理有限公司办理出口货运代理业务	天津海峡国际货运代理有限公司	
国外水果批发有限公司委托厦门长荣轮船公司从我国厦门进口 1500 吨火龙果	厦门长荣轮船公司	
山东安远贸易公司出运一批糖果去英国，由山东宇达公司办理清关事宜	山东宇达公司	
上海工具厂委托环亚国际货运（上海）有限公司出口 100 台电脑到芬兰	环亚国际航空（上海）有限公司	
上海某制造公司委托中远集运每周四的航线出口玉米到泰国	中远集运	

2. 选择合适的国际物流运输方式。

运输活动	国际物流运输方式选择
天津京都化工厂向韩国出口一批 5000 吨的桶包装粉末状化工原料（属于危险品）	
天津大新制造有限公司向泰国出口 20000 吨钢材，货物先由天津通过中远集运公司船只运往上海港，再由上海港通过中铁联运集团用铁路运输的方式运往曼谷	
深圳食品加工厂定期向香港某贸易公司出口新鲜蘑菇	
上海某鞋业公司有一批鞋子样品需要运往荷兰	

3. 识别国际物流节点。

活动	国际物流节点
将进口的集装箱从班轮上卸下	
将出口的货物装机	
将进口的拼箱货进行拆箱	
进出口货物的集散基地、分拨中心	
进口货物在堆场码头临时性存放	

任务评价

根据课程相关评分要求，本任务的评分标准如下表所示。

序号	评价项目	评分标准	分值	得分
1	识别国际物流企业类型	能准确地辨识国际物流企业类型	35	
2	选择合适的国际运输方式	能准确地选择合适的国际运输方式	35	
3	识别国际物流节点	能准确地识别国际物流节点	30	
总计			100	

拓展阅读

国际多式联运大通道持续拓展。中欧班列、中欧陆海快线、西部陆海新通道、连云港－霍尔果斯新亚欧陆海联运等国际多式联运稳步发展。中欧班列通达欧洲 25 个国家的 200 多个城市，86 条时速 120 公里的运行线路穿越亚欧腹地主要区域，物流配送网络覆盖欧亚大陆；截至 2023 年 6 月底，中欧班列累计开行 7.4 万列，运输近 700 万标箱，货物品类达 5 万多种，涉及汽车整车、机械设备、电子产品等 53 大门类，合计货值超 3000 亿美元。中欧陆海快线从无到有，成为继传统海运航线、陆上中欧班列之外中欧间的第三条贸易通道，2022 年全通道运输总箱量超过 18 万标箱，火车开行 2600 余列。西部陆海新通道铁海联运班列覆盖中国中西部 18 个省（区、市），货物流向通达 100 多个国家的 300 多个港口。

作业与练习

一、多项选择题

1. 班轮运输的特点是（　）。

A. 固定的港口　　B. 固定的航线

C. 不固定的费率　　D. 不固定的船期

2. 国际货运代理的相关人是（　）。

A. 托运人　　B. 货运代理　　C. 船务代理　　D. 承运人

3. 国际物流的节点是（　）。

A. 口岸　B. 港口　C. 机场　D. 仓库

4. 多式联运的特点是（　）。

A. 运输全程中至少使用两种运输方式，而且是不同方式的连续运输。

B. 多式联运的货物主要是集装箱货物。

C. 多式联运通过一张单证即可完成全程运输。

D. 多式联运是由多式联运经营人组织完成的。

二、判断下列各个国际物流业务性质，并完成表格

1. 湖南太和电器设备有限公司委托上海国际货物运输公司将 4000 套小家电通过海运方式从中国湖南运往澳大利亚。

2. 上海大田集团委托天逸公司办理进口口岸报关业务，从法国进口 20 台扫描仪。

3. 青岛某公司集团委托山东青岛国际货运有限公司代理 4 个集装箱内出口至比利时安特卫普港，货物由中远集运公司承运。

4. 西安户外用品贸易公司向俄罗斯出口 30000 顶帐篷，先由西安通过中远集运公司船只运往天津新港，再由天津新港通过中铁联运集团用铁路运输的方式运往莫斯科。上海物流集团与西安户外用品贸易公司签订了多式联运运输合同，负责全路段的运输。

5. 上海某贸易公司委托上海洲际货运代理公司出口一批冻鱼到日本名古屋。

6. 东南亚水果批发有限公司委托福建安心轮船公司从福建进口 15000 吨芒果。

序号	企业	类型	序号	企业	类型
1	上海国际货物运输公司		4	上海物流集团	
2	天逸公司		5	上海洲际货运代理公司	
3	中远集运公司		6	福建安心轮船公司	

三、为下列运输货物寻找合适的运输方式

1. 从云南到阿姆斯特丹运输 100 箱月季花。

2. 从山西到大阪运输 3 万吨煤炭。

3. 从天津新港到新加坡运输 50 箱服装。

4. 从青岛到汉堡运输 1000 台电视机。

5. 从大连到纽约运输 10000 升石油。

6. 广东贸发副食品加工集团定期向香港汇丰贸易公司出口冷冻猪肉，发货地为广东湛江，目的地为香港。

7. 山东淄博东甚贸易股份有限公司向俄罗斯出口一批日用百货商品，重量为 500000 吨，发货地为山东淄博，目的地为俄罗斯洛夫斯克。

8. 天津京都食品加工厂向韩国出口一批 5000 吨大豆。

9. 某发货人将合同、发票、装箱单从中国上海寄往美国长滩。

10. 100 箱手机芯片从日本东京运往中国北京。

09 项目九

认识供应链

任务一　认知供应链

学习目标

知识目标

复述供应链和供应链管理的概念。

阐述供应链管理的作用与特征。

简述供应链战略管理的主要内容。

技能目标

能够分析给定企业供应链的构成和主要活动。

在给定情境下能够恰当选择供应链战略管理模式。

素养目标

培养学生关于供应链上下游之间的全局性意识和整体性意识。

任务描述

作为 A 公司供应链管理部的一名职员，领导安排你和同事给新入职本部门的员工做一场关于供应链方面的培训，你需要结合供应链的相关知识和同事一起准备 PPT，完成培训相关事项。

任务要求：

（1）与同事分工制作 PPT 讲述供应链的相关内容。

（2）分工明确。

（3）PPT 内容详实，图文并茂，且有实际案例。

知识准备

一、供应链的概念

供应链的概念是指围绕核心企业，通过对信息流、物流、资金流的控制，从采购原材料开始，制成中间产品以及最终产品，最后由销售网络把产品送到消费者手中，从供应商、制造商、分销商、零售商到最终用户连成一个整体的功能网链结构。

它不仅是一条连接供应商到用户的物流链、信息链、资金链，而且是一条增值链，物料在供应链上因加工、包装、运输等过程而增加其价值，给相关企业带来收益。

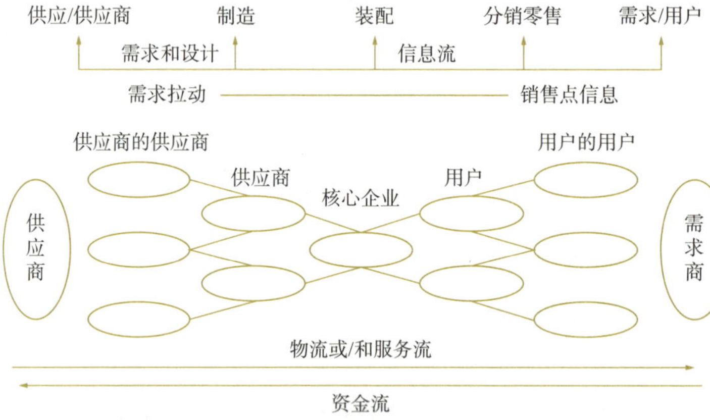

供应链的网络结构模型

二、供应链的特征

（1）复杂性：由于供应链涉及多个环节和众多参与者，包括供应商、生产商、分销商、零售商和最终消费者等，每个参与者都有自己的运营和利益诉求，因此供应链的结构和运作相对复杂。

（2）动态性：供应链中的市场需求、供应能力、运输条件等因素会不断变化。因此，供应链需要具备一定的灵活性和适应性，以应对各种不确定性和变化。

（3）交叉性：供应链中的各个节点和环节相互关联，一个环节的变动可能会影响其他环节的正常运作。因此，供应链的各个部分需要紧密配合，确保信息的畅通和资源的有效配置。

（4）面向用户需求：供应链的存在是为了满足最终用户的需求，因此供应链的设计和运作都需要围绕用户需求展开，以确保产品能够按时、按质、按量送达用户手中。

（5）全球性：在全球化的市场环境中，供应链之间的竞争日益激烈。企业需要通过优化供应链管理来降低成本、提高效率、提升服务质量，从而在竞争中占据优势。

三、供应链管理的概念及基本思想

1. 供应链管理的概念

供应链管理（Supply Chain Management，SCM）是一种集成的管理思想和方法，涵盖了从供应商到最终用户的整个供应链中所有活动的计划、组织、协调与控制。其核心目的是通过优化供应链中的信息流、物流、资金流，以及协调企业内外资源，来共同满足消费者需求，从而实现最终顾客价值的最大化。

2. 供应链管理的基本思想

（1）系统观念。这意味着将整个供应链视为一个集成的系统。各成员企业需要协同工作，共同追求整个系统的最优目标。通过优化整个供应链的运作，企业可以提高效率和效益，减少资源浪费。

（2）协调与合作。供应链中的各个环节和成员企业之间需要建立紧密的合作关系，共同应对市场的挑战。通过协调各成员企业的利益和行为，实现供应链整体的最优化。这需要企业间建立信任、共享信息、共同决策，以及建立有效的激励机制和约束机制。

（3）客户至上。企业需要关注客户的需求和期望，并以此为基础进行供应链管理。通过及时、准确地了解市场信息，企业可以调整供应链策略，提供契合客户需求的产品和服务。同时，企业还需要与客户保持密切沟通，及时获取反馈并持续改进。

（4）核心竞争力。各个成员企业需要明确自身的核心竞争力，并在供应链管理中加以发挥。通过优化资源配置、提升技术水平、加强品牌建设等方式，企业可以巩固和提升自身的核心竞争力，从而在市场竞争中占据优势地位。

（5）动态优化。由于市场环境和客户需求的不断变化，供应链需要不断地进行调整和优化。各个成员企业需要建立灵活、敏捷的供应链体系，以应对各种不确定性和风险。同时，各个成员企业还需要借助先进的技术手段，如大数据、人工智能等，提升供应链管理的智能化水平。

四、供应链管理的作用

（1）降低运营成本。通过优化生产流程、减少不必要的中间环节和浪费，企业可以降低生产成本，扩大利润空间。同时，供应链管理还能帮助企业更有效地利用资源，减少库存积压和滞销风险，从而降低库存成本。

（2）提升产品品质和客户满意度。通过严格把控原材料的质量和供货周期，企业可以确保最终产品的质量和交货时间，从而提高客户满意度。此外，供应链管理还能促进企业与供应商之间的紧密合作，共同解决产品质量问题，提升整体品质水平。

（3）提高生产效率。通过科学地制订生产计划、合理安排生产任务以及全面监管生产过程，企业能够更好地利用资源和时间，减少生产过程中的浪费和延误，从而提高生产效率。

（4）促进企业与供应商之间的合作。通过建立稳固、长期的伙伴关系，企业与供应商之间可以更加紧密地协作，共同应对市场挑战和变化。这种合作有助于降低沟通成本和风险，提高供应链的可靠性和稳定性。

（5）提升企业的灵活性和响应速度。面对市场需求的快速变化，企业需要及时调整业务流程和资源配置。通过有效的供应链管理，企业可以更加灵活地应对市场变化，快速响应客户需求，抓住市场机遇。

（6）保障供应链的安全和稳定。通过建立风险预警机制和应急处理机制，企业可以及时发现并应对潜在的供应链风险，确保供应链的顺畅运作。

五、供应管理的主要内容

序号	主要环节	主要内容
1	供应商管理	供应商选择、评估、关系维护、合同管理等
2	采购管理	采购计划制订、价格谈判、合同签订、供应商履约的监控等
3	生产管理	生产计划制订、生产排程、生产进度控制、质量控制等
4	物流与运输管理	订单处理、仓储管理、运输安排、物流配送等
5	库存管理	库存水平控制、库存策略制订、库存优化等
6	销售管理与分销管理	销售渠道管理、分销策略制订、客户关系管理等
7	质量管理	产品质量控制、质量标准制订、质量改进等
8	风险管理	风险识别、风险评估、风险应对策略制订等
9	信息技术支持	信息系统建设、数据共享、信息流程优化等
10	目标管理	成本降低、效率提升、灵活性增强、客户满意度提高等

六、供应链战略管理

1. 供应链战略管理的概念

供应链战略管理是指企业在全球范围内对供应链进行规划和优化，以达成提高效率、降低成本、增强客户满意度和市场响应速度等目标。它涵盖了从原材料采购、产品生产到最终产品销售的整个过程，包括供应商选择、生产流程、库存管理、配送网络以及销售渠道等各个环节。

2. 供应链管理的流程图

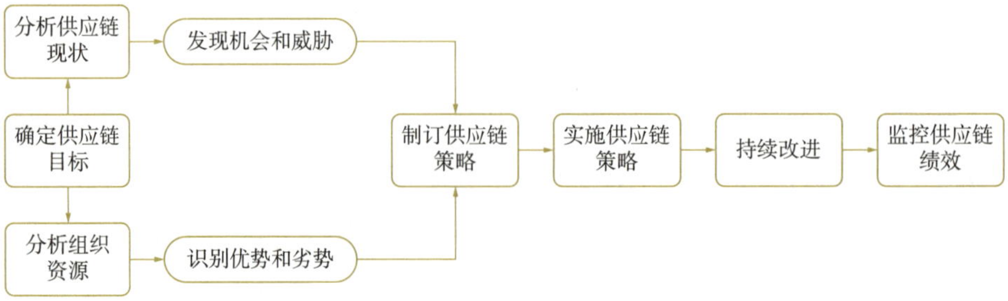

3. 供应链战略管理的内容

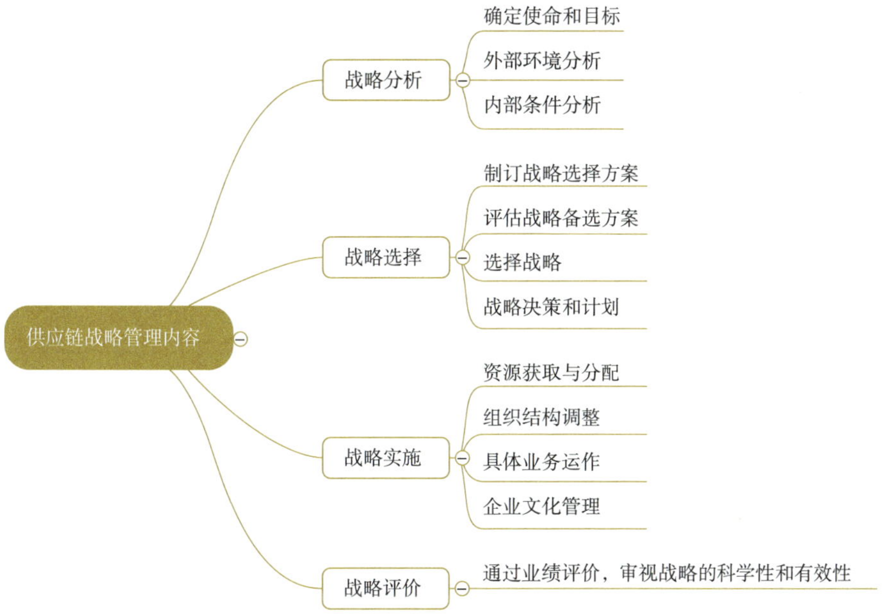

4. 供应链战略管理模式

（1）供应链战略管理模式的思维导图

（2）推动式、拉动式、推－拉式供应链示意图

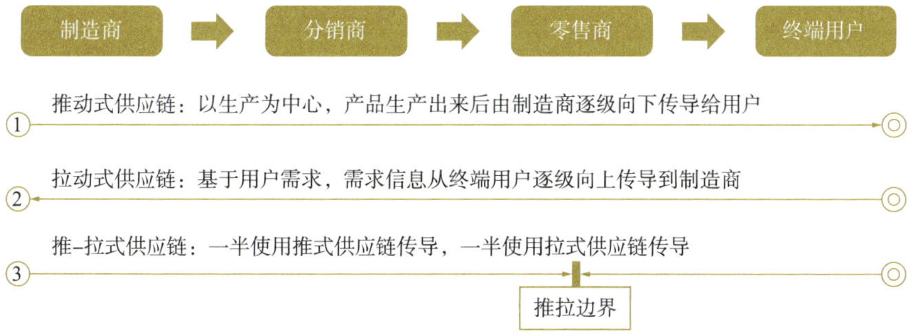

任务实施

1. 完成组员分工

成员	负责的工作内容	完成度

2. 收集制作 PPT 所需要的信息，并列出提纲。

主题	
第一部分	
第二部分	
第三部分	

3. 制作 PPT 并组织新进员工进行供应链知识的培训。

任务评价

根据课程相关评分要求，本任务的评分标准如下：

PPT 制作评分表

序号	考核内容	分值	得分
1	PPT 的内容详实、丰富、主题突出	60	
2	PPT 的结构合理，逻辑顺畅	10	
3	PPT 中对各种工具的运用得当	10	
4	PPT 内在素材符合认知供应链这一主题	10	
5	整体界面美观，布局合理，层次分明，视觉效果好，表现力和感染力强	10	
合计		100	

新员工自评表

序号	考核内容	分值	得分
1	能够掌握供应链和供应链管理的概念	20	
2	能够掌握供应链管理的作用与特征	20	
3	能够掌握供应链战略管理的主要内容	20	
4	能够掌握并分析给定企业供应链的构成和主要活动	20	
5	能够恰当选择供应链战略管理模式	20	
合计		100	

拓展阅读

华为应对美国制裁的供应链战略管理

近年来，华为面临着来自美国的严厉制裁，这使其供应链遭受了前所未有的挑战。特别是芯片供应链，成为华为面临的最为严峻的瓶颈。由于受制于美国的技术封锁，华为无法获得先进的半导体技术，导致其核心芯片，如麒麟系列，生产受阻。

为了应对这一危机，华为迅速调整了其供应链战略管理策略，采取了一系列具体的应对措施：

多元化供应商策略：华为积极寻求替代的供应商和供应链路径，以降低对美国供应链的依赖。它与全球各地的供应商建立了紧密的合作关系，确保在关键物料上拥有多元化的供应来源。

自主研发和技术创新：为了摆脱对外部供应链的依赖，华为加大了在自主研发和技术创新方面的投入。通过加大研发力度，华为努力实现核心技术的自主可控，减少对外部供应链的依赖。

加强库存管理和风险控制：华为对库存进行了精细化管理，提前规划并增加了关键物料的库存量，以应对可能出现的供应中断风险。同时，华为建立了全面的风险预警和应对机制，确保在风险发生时能够迅速做出反应。

全球布局与协同：华为利用其全球化的布局和协同能力，优化全球供应链网络。通过在不同地区设立研发中心、生产基地和物流中心，华为实现了资源的优化配置和供应链的快速响应。

这一案例充分展示了华为在面临供应链挑战时，如何迅速调整战略，采取有效措施来确保供应链的稳定性。华为的供应链战略管理不仅注重成本控制和效率提升，更关注风险的预防和应对。通过持续创新和优化，华为成功地应对了外部制裁带来的供应链挑战，为公司的稳定发展提供了坚实的支撑。

需要注意的是，华为供应链战略管理是一个动态的过程，会随着市场环境和公司战略的变化而不断调整和优化。因此，在未来的发展中，华为还将继续加强供应链战略管理，以应对各种可能出现的挑战。

作业与练习

一、单项选择题

1.（　）是生产及流通过程中，为了将产品或服务交付给最终用户，由上游与下游企业共同建立的网链状组织。

A. 供应链　　B. 合作伙伴　　C. 联盟组织　　D. 供应链管理

2. 供应链管理的目的是（　）。

A. 既提高服务水平又降低物流总成本　　B. 在于提高服务水平

C. 在于降低物流总成本　　D. 以上答案都不是

3. 供应链特征中不包含的下列因素有（　）。

A. 动态性　　B. 面向用户需求　　C. 静态性　　D. 交叉性

4. 供应链不仅是一条连接供应商到用户的物料链、信息链、资金链，而且是一条（　）。

A. 加工链　　B. 运输链　　C. 分销链　　D. 增值链

5. 以最低的成本将原材料转化成零部件和成品，并尽量控制供应链中的库存和运输成本，这种供应链属于（　）。

A. 平衡的供应链　　B. 反应型供应链　　C. 有效型供应链　　D. 稳定的供应链

二、判断题

1. 供应链可以没有核心企业。（　）

2. 在供应链的运行体系中有一家企业处于核心地位，它对供应链上的信息流、资金流和物流起到调度和协调的作用。（　）

3. 反应性供应链的基本目标是对不可预测需求做出快速反应，使缺货、降价、库存尽可能低。(　)

4. 有效性供应链主要体现供应链的物理功能，对未预知的需求做出快速反应。(　)

5. 供应链的设计就是为了获得高用户服务水平。(　)

三、简答题

1. 阐述供应链管理的主要内容。

2. 阐述供应链管理的主要模式。

3. 阐述供应链管理的作用。

四、技能训练题

小米的供应链战略

手机的很多关键零部件需要提前预订，从下单到出货，各种部件所需时间不等。手机屏的采购时间最长，一般为 3 个月；电池的采购时间一般为 2 个月；芯片的采购时间至少为 2 个月；摄像头的采购时间至少为 1 个月。从零部件预订到整机出库，时间至少需要 3 个月。小米手机通过采用推 – 拉式供应链战略很好地解决了这个问题，在“零库存”模式下满足了客户个性化需求。

需求管理：通过小米网站接收客户订单，获得需求信息。

生产管理：每周召开生产会议，通过当周的销售量、预约数量以及其他互联网指数预测 3 个月后的市场需求，通知零件厂商进行送料。(屏幕供应商——夏普，摄像头供应商——索尼，芯片供应商——高通，非关键零件——其他厂商)随后模具工厂富士康以及组装工厂英华达进行代工。

分销配送：客户下订单—确认最近物流中心(国内或国外)—挑选合适机型及相关配件并进行包装—快递—送达。

请阅读上述案例，通过上网查询资料画出小米手机的生产模式示意图。

任务二 供应链岗位职责与技能要求认知

学习目标

知识目标

复述供应链岗位的主要工作职责。

阐述供应链岗位的主要技能要求。

技能目标

分析不同供应链管理岗位职责与技能要求。

素养目标

培养并树立学生对于供应链岗位的职业认同感。

任务描述

作为A公司人力资源部的人力专员，领导安排你负责本公司供应链管理部相关人员的招聘工作，你需要查询资料了解各个岗位的工作职责和技能要求，制作招聘公告并在网上发布。

任务要求：

（1）查询资料，了解供应链岗位的主要工作职责和职业技能要求。

（2）制作招聘公告并发布。

知识准备

一、供应链工作岗位及职责认知

1. 供应链工作岗位

供应链管理部是近年来随着供应链的不断壮大发展而兴起的新兴部门，供应链涉及产品或服务从原材料供应商到最终用户的整个流动过程。因此，在这个过程中，有许多不同的岗位，每个岗位都有其特定的职责和技能要求。在供应链岗位中，层级包括供应链专员、供应链主管、供应链经理以及供应链总监四个级别。

供应链工作岗位在企业运营中发挥着至关重要的作用，他们通过协同合作、优化流程、控制成本等方式，确保企业供应链的高效、稳定和安全运行。不同企业的供应链工作岗位和职责可能有所不同，具体还需根据企业实际情况进行了解和确定。同时，随着供应链管理的不断发展和创新，供应链工作岗位的职责和要求也会不断发生变化。因此，从事供应链管理工作的人员需要不断学习并更新知识，以适应行业发展的需求。

根据权威机构对于供应链岗位的数据分析，当前供应链管理岗位的学历分布中，专科及以下约占 35%，本科学历约占 55%，硕士及以上学历约占 10%。

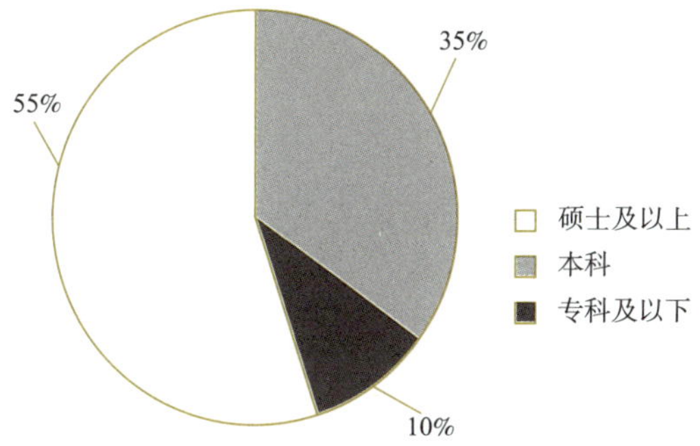

供应链相关岗位学历分布

供应链相关岗位从业者所学专业以物流管理专业为主，同时，还包括工商管理专业、国际贸易专业以及经济学等相关专业。

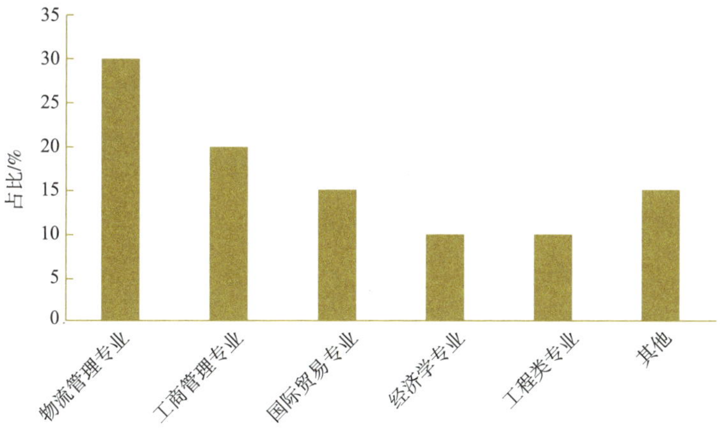

供应链相关岗位专业分布

从全国来看，供应链相关岗位月收入平均值为 9134 元，月收入中位数为 8117 元，其中，收入区间在 7000~12000 元工资的占比最多，约占 46%。

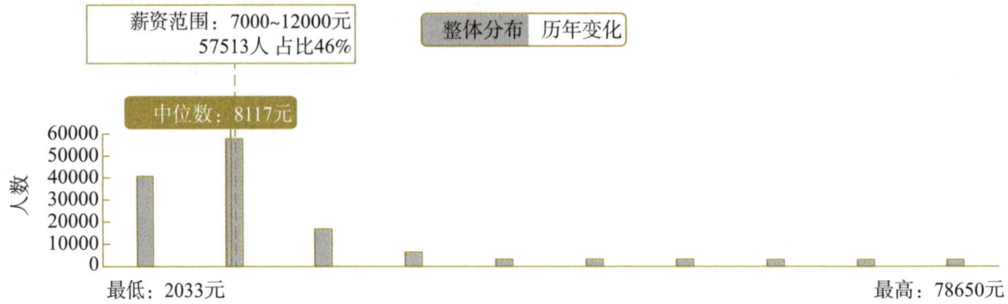

注：供应链在全国的平均月薪为9134元，中位数为8117元，其中7000~12000元工资占比最多，约46%。

供应链相关岗位薪资分布

2. 供应链管理岗位的主要工作职责

供应链管理岗位的主要工作职责涉及多个方面，旨在确保供应链的高效、顺畅和成本控制。以下是供应链相关岗位的主要工作职责的详细概述：

（1）供应链计划管理：

制订供应链战略和计划，以满足公司的业务需求和目标。

分析市场需求和供应趋势，预测未来的供应和需求变化。

协调内部和外部资源，确保供应链的可靠性和灵活性。

（2）供应商管理：

评估、选择和管理供应商，确保供应商的质量和交货期符合公司要求。

与供应商建立长期合作关系，推动供应链的持续改进和成本优化。

监督供应商的绩效，及时处理供应商方面的问题。

（3）库存管理：

制订库存策略和计划，确保库存水平满足生产和销售需求。

监控库存周转率和库存成本，优化库存结构，降低库存风险。

协调仓库和物流资源，确保库存的准确性和及时性。

（4）订单管理和物流协调：

处理客户订单，协调生产和发货计划。

与物流公司合作，确保货物按时、按量、按质送达客户手中。

跟踪订单执行过程，及时解决订单执行中的问题。

（5）成本控制与风险管理：

分析供应链成本，提出成本控制和降低成本的措施。

识别供应链中的潜在风险，制订风险应对策略，确保供应链的稳定性。

（6）跨部门沟通与协调：

与销售、生产、研发等部门保持密切沟通，确保供应链与公司整体战略保持一致。

协调解决供应链运行过程中出现的问题，推动供应链的优化和持续改进。

（7）数据分析与报告：

收集、整理和分析供应链数据，为公司决策提供支持。

编制供应链相关报告，向管理层报告供应链的运行状况和绩效。

二、供应链岗位技能要求认知

1. 供应链岗位知识体系

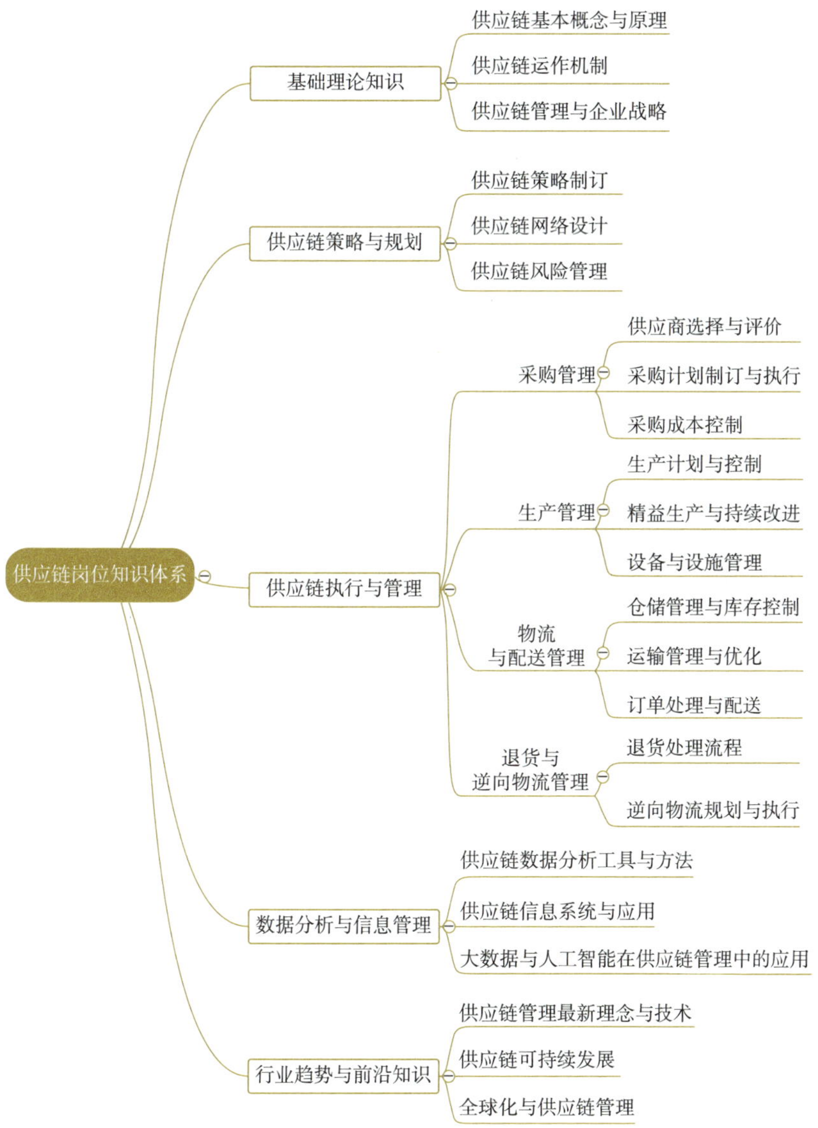

2. 供应链岗位技能要求

（1）专业知识：对供应链管理、物流管理、国际贸易等相关领域的深入理解和知识储备。

（2）沟通协调能力：供应链岗位需要与供应商、客户以及其他相关部门进行频繁的交流和协调，因此需要具备良好的沟通能力和团队协作精神。

（3）IT 能力：随着信息技术的发展，供应链岗位越来越依赖于 IT 系统。需要对供应链管理相关的信息系统，如 ERP、APS、MES 等信息系统的原理、主要模块、主要流程、主要表单有深刻理解，以便在实际工作中更好地提出需求，并与 IT 人员合作，实现 IT 系统与业务流程的完美集成。

（4）分析问题和解决问题的能力：供应链岗位会面对各种复杂的问题，需要具备分析问题和解决问题的能力，以便快速响应并找到最佳解决方案。

（5）跨行业能力：供应链岗位可能需要处理不同行业、不同客户、不同类型的商业模式，因此需要具备跨行业的能力，能够针对客户的个性化需求量身定制解决方案。

（6）流程管理能力：供应链管理是一项体系性工作，涉及供应链端到端的流程，而且是跨职能、跨组织的。因此，供应链管理人员需要具备专业的流程管理能力，及时识别和优化供应链运作过程中存在的流程性问题。

任务实施

1. 上网搜寻有关岗位的相关资料。

2. 撰写招聘公告。

招聘公告

招聘部门	供应链管理部
职位概要	
工作职责	
工作技能要求	
职位基本要求	

任务评价

根据课程相关评分要求，本任务的评分标准如下：

序号	考核内容	分值	得分
1	能够了解供应链岗位的主要职责	20	
2	能够掌握供应链岗位的主要技能	20	
3	能够分析供应链管理岗位的职责与技能	20	
4	能够根据需求撰写招聘公告	20	
5	招聘公告格式准确、内容明确详实、条理清晰	20	
合计		100	

拓展阅读

海尔集团的供应链岗位

海尔集团作为一家大型制造企业，其供应链体系复杂且高效。在海尔，与供应链相关的工作岗位包括采购经理、物流经理、库存经理、计划经理等。

采购经理的主要职责是负责研究和分析市场变化，选择合适的供应商，并全程监督采购活动，以确保物料的质量和交付准时。由于海尔每天接到的销售订单数量庞大，采购经理需要根据订单需求快速做出采购决策，确保生产线的顺畅运转。

物流经理的工作则是选择合适的物流渠道和运输方式，确保产品能够按时送达客户手中。鉴于海尔的产品种类繁多，物流经理需要精心规划运输路线和方式，以实现高效、低成本的物流配送。

库存经理负责管理公司的库存水平，确保供应链的正常运转。在海尔，库存经理需要准确记录库存数量，进行库存分析，并与采购部门和销售部门紧密配合，确定合理的库存水平和再订购点，以避免库存积压或短缺的情况出现。

计划经理负责制订供应链的生产计划和调度安排。在海尔，计划经理需要根据市场需求和供应能力制订生产计划，并协调生产部门和采购部门，确保生产进度和交货日期的准时完成。

此外，海尔集团还设有质量经理和客户服务经理等岗位，分别负责监督供应链中的质量控制和质量管理，以及处理客户的咨询和投诉，确保客户需求得到满足。

这些岗位在海尔集团的供应链体系中扮演着至关重要的角色，他们通过高效的协作和精细的管理，确保了海尔能够迅速响应市场需求，提供高质量的产品和服务。

总之，海尔供应链体系涉及众多工作岗位，每个岗位都具有独特的职责和重要性。通过精细的分工和高效的协作，企业可以构建出高效、稳定的供应链体系，为企业的持续发展提供有力保障。

作业与练习

一、简答题

1. 简述供应链管理岗位的主要职责。
2. 简述供应链管理岗位的知识体系。
3. 简述供应链岗位的技能要求。

二、技能操作题

调研当前各大公司供应链管理部对于员工的任职要求（包括工作职责、工作技能以及其他基本要求）、供应链管理人员的相关薪资水平等各个方面，制作相关调研报告。